MÉTHODE
Orange

André Reboullet
Jean-Louis Malandain
Jacques Verdol

Hachette
français langue étrangère
79 bd Saint-Germain
75006 Paris

Le degré 1 de la **Méthode Orange**
comprend :
- un **livre** de l'élève
- un **cahier** d'exercices
- des **diapositives** reprenant les bandes dessinées
  et les documents de départ de chaque leçon
- des **bandes magnétiques** contenant
  les dialogues du livre et des exercices oraux
- un **carnet** du professeur

I.S.B.N. 2.01.007720.2

© Hachette, 1978.

Tous droits de traduction, de reproduction et d'adaptation réservés pour tous pays.

Pages			
2	Leçon 1		Le magnétophone de Betty
6	Leçon 2	A	Qui est-ce?
8		B	C'est Cléopâtre?
12	Leçon 3	A	Le ballon de Monique
14		B	Chez mademoiselle Plume
18	Leçon 4	A	C'est à moi!
20		B	Elle est jolie!
24	*Rappels 2-3-4*		
26	Leçon 5	A	Pablo a une idée
28		B	Quelle heure est-il?
32	Leçon 6	A	Dimanche ou lundi?
34		B	Qu'est-ce qu'ils ont?
38	Leçon 7	A	Ils ont travaillé!
40		B	Je vais à Paris
44	*Rappels 5-6-7*		
46	*Lecture 1*		
48	Leçon 8		Claire et Alain
52	Leçon 9		Vous parlez français?
56	Leçon 10		Ils vont au festival
60	*Rappels 8-9-10*		
62	Leçon 11		Le Chevalier noir
66	Leçon 12		Le prix des choses
70	Leçon 13		Le jour J
74	*Rappels 11-12-13*		
76	*Lecture 2*		Le grand voyage
78	Leçon 14		Il ne faut pas trop parler
82	Leçon 15		L'objet
86	Leçon 16		Alors, raconte!
90	*Rappels 14-15-16*		
92	Leçon 17		Ils sont là!
96	Leçon 18		L'invitation
100	Leçon 19		Allô! Allô!
104	*Rappels 17-18-19*		
106	*Lecture 3*		L'aven
108	Leçon 20		Un mercredi pas comme les autres
112			Pour parler français... pour lire... ... et pour écrire
114			Attention, les mots changent!...
116			Pour poser des questions et dire combien
117			Des verbes faciles
118			Des verbes un peu difficiles
119			Des verbes difficiles
120			Le temps et les couleurs
121			Sports et vacances
122			Les voyages
123			En rose ou en noir?
124			Poèmes

leçon **1** un

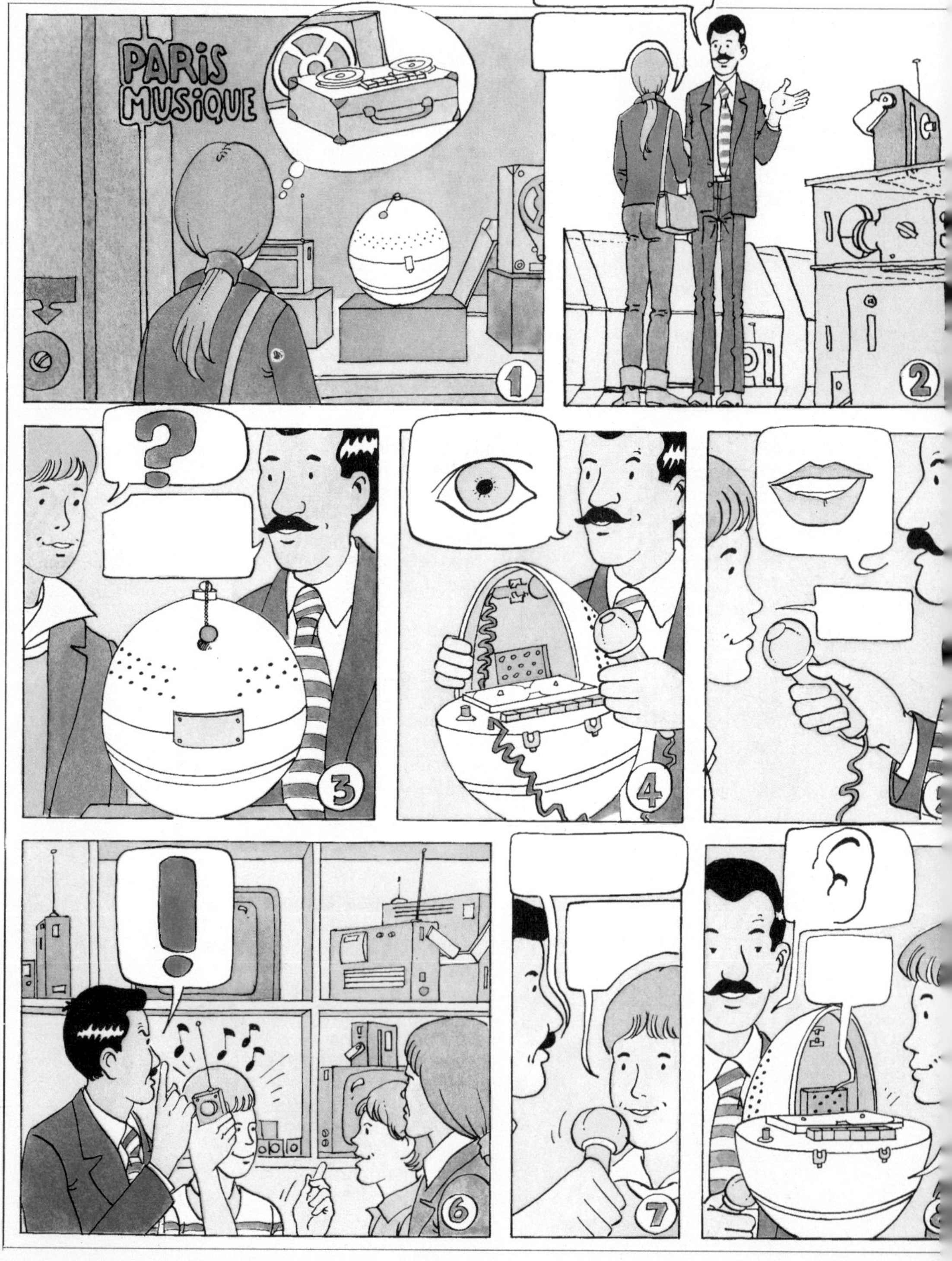

Le magnétophone de Betty

mémo

ɛ̃

Martin

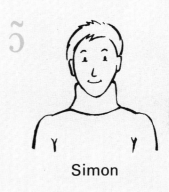

ɔ̃

Simon

ɑ̃

Alban

C'est Cléopâtre?

mémo

1

Regarde!   Regardez!

2

 Qui est-ce?

 C'est Cléopâtre?

 C'est Charlot?

C'est Luc.

Ce n'est pas Sabine.

C'est toi.

Ce n'est pas moi.

Oui (c'est Cléopâtre).

Oui, c'est elle.

Non (ce n'est pas Charlot).

Non, ce n'est pas lui.

3

C'est	moi.
	toi.
	lui.
	elle.

4

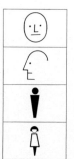
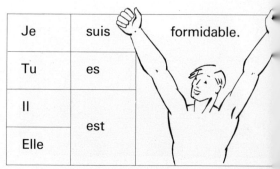

Je	suis	formidable.
Tu	es	
Il	est	
Elle		

formidable.

un	zéro	
1	0	dix

C'est le ballon de Monique?

Oui, c'est le ballon de Monique.

Ah! C'est le ballon de Monique!

Chez mademoiselle Plume

i

Pati

y

Patu

u

Patou

mémo

1 Qu'est-ce que c'est ?

	C'est Voilà	un magnétophone. un avion. un numéro. une boîte. une armoire. une auto.	C'est Voilà	le magnétophone de Betty. l'avion. le numéro deux. la boîte rouge. l'armoire. l'auto de Luc.	

2 Regarde !

Des chiens,
des éléphants.

Regarde les chiens et les éléphants de M. Pindor.

3 Qu'est-ce qu'il y a ?

Il y a	un oiseau	dans	la cage.
	une cage	sur	la table.
	des chats	sous	l'armoire.
Il n'y a pas	d'oiseau	dans	l'armoire.
	de chat	sur	la cage.
	de cage	sous	la table.

La Maison des Jeunes

C'est à moi!

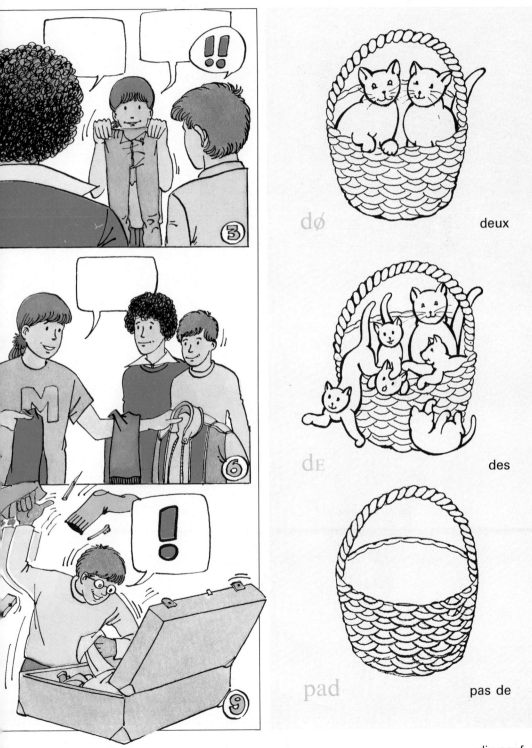

dø   deux

dɛ   des

pad   pas de

Elle est jolie.

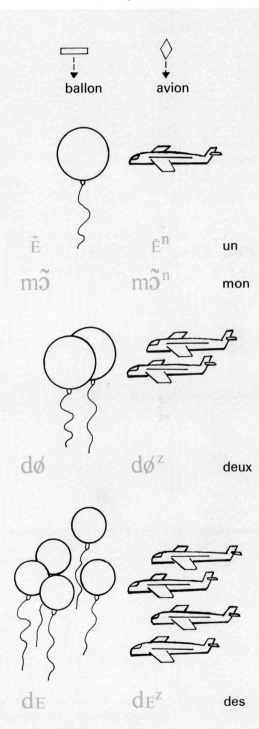

ballon

avion

Ẽ

Ẽⁿ

un

mɔ̃

mɔ̃ⁿ

mon

dø

døᶻ

deux

dɛ

dɛᶻ

des

mémo

1 À qui est-ce?

C'est...		à moi			à toi		à lui
	⟶ (·L·)	à moi	⟶ ⟨face⟩	à toi		⟶ ▮	à lui
						⟶ ─── ▲	à elle

C'est...

	mon	ton	son	pantalon
				anorak
				écharpe
	ma	ta	sa	robe

Voilà...

	mes	tes	ses	pantalons

2 Un, une, des. Le, la, les.

	Un	pantalon	rouge	Des	pantalons	rouges
	Une	écharpe			écharpes	
	Le	sac	jaune	Les	sacs	jaunes
	La	robe			robes	

3 Je suis...

je suis	tu es	il est	elle est	nous sommes	vous êtes	
triste				tristes	triste	
journaliste				journalistes	journaliste	

rappels

1 Qui est-ce?

C'est Pablo.

Qu'est-ce que c'est?

C'est une montr

C'est Cléopâtre?

Oui, c'est Cléopâtre.

C'est un magnétophone?

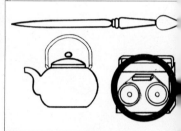

Oui, c'est un magnétophon

À qui est-ce?

C'est à Luc.   C'est la montre de Luc.   C'est sa montr

2

 C'est Sabine.     C'est à Sabine.
C'est son anorak.

 C'est lui.    C'est à lui.
C'est son auto.

Qu'est-ce qu'il y a?

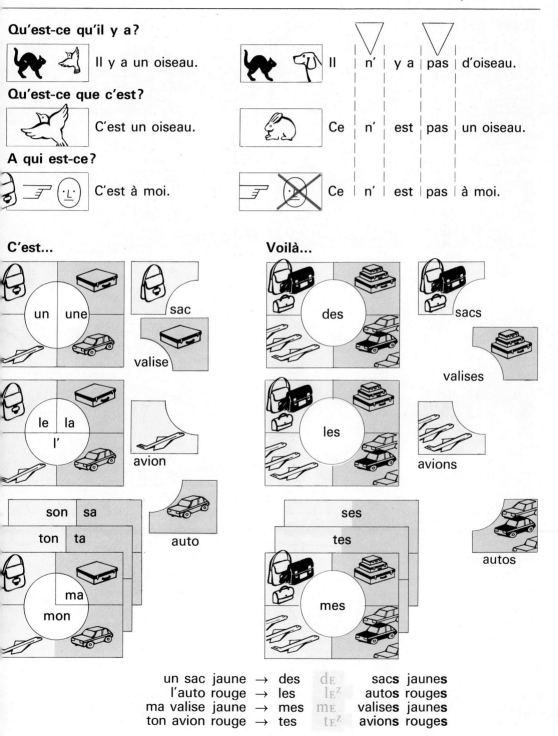

Il y a un oiseau.

Il | n' | y a | pas | d'oiseau.

Qu'est-ce que c'est?

C'est un oiseau.

Ce | n' | est | pas | un oiseau.

A qui est-ce?

C'est à moi.

Ce | n' | est | pas | à moi.

C'est...

un | une — sac — valise

le | la | l' — avion

son | sa | ton | ta — auto

ma | mon

Voilà...

des — sacs — valises

les — avions

ses | tes — autos

mes

un sac jaune → des · sacs jaunes
l'auto rouge → les · autos rouges
ma valise jaune → mes · valises jaunes
ton avion rouge → tes · avions rouges

Pablo a une idée

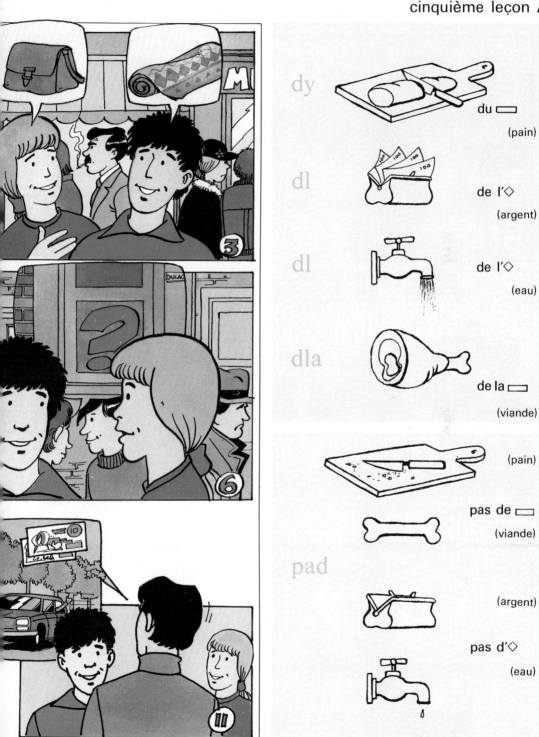

dy   du ▭

(pain)

dl   de l'◇

(argent)

dl   de l'◇

(eau)

dla   de la ▭

(viande)

(pain)

pas de ▭

(viande)

pad   (argent)

pas d'◇

(eau)

Quelle heure est-il?

œr

ilɛ dø zœr Il est deux heures.

kœr

kɔr

padø

pas d'œufs

pado

pas d'eau

mémo

1

j'ai	tu as	il a	elle a	nous avons	vous avez

J'ai un   des

J'ai   du   de la   de l'

Je n' ai pas de sac
de fruits
d'œufs

de pain
de viande

Je n' ai pas d'argent
d'eau

2

Nous, nous sommes contents; mais vous, vous êtes tristes

moi, j'ai un avion   toi, tu as le numéro zéro

lui, il a de l'argent   elle, elle gagne un petit ballon.

3

Il est huit heures.

Le train part **à** neuf heures   ...**à** dix heures   ...**à** onze heures· ving

8   9   10   11

Le train part
dans une heure----->

Le train part **dans** deux heures----------- →

Dimanche ou lundi

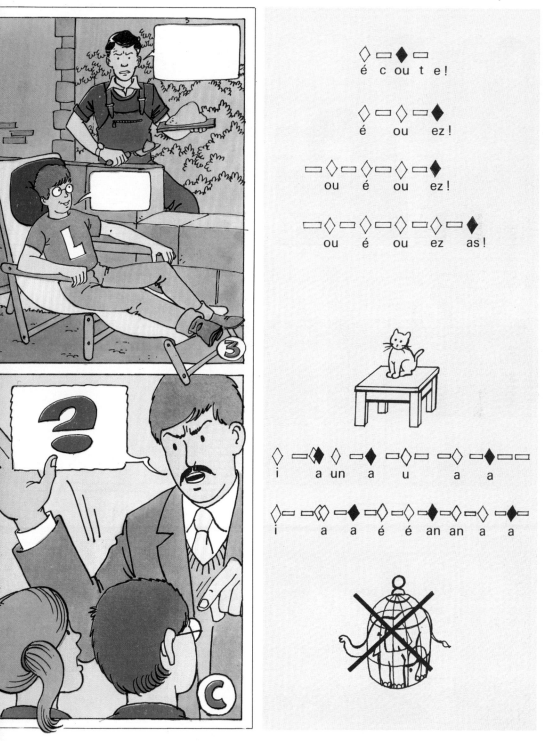

◇ ▭ ◆ ▭
é c ou t e!

◇ ▭ ◇ ▭ ◆
é ou ez!

▭ ◇ ▭ ◇ ▭ ◇ ▭ ◆
ou é ou ez!

▭ ◇ ▭ ◇ ▭ ◇ ▭ ◇ ▭ ◆
ou é ou ez as!

◇ ▭ ◆ ◇ ▭ ◆ ▭ ◇ ▭ ◇ ▭ ◆ ▭ ◇
i a un a u a a

◇ ▭ ◇ ▭ ◆ ◇ ▭ ◇ ◆ ▭ ◇ ▭ ◆ ▭
i a a é é an an a a

Qu'est-ce qu'ils ont?

mémo

1

Qu'est-ce que	tu	fais	. . .	as
	vous	faites	. . .	avez
Qu'est-ce qu'	il	fait	. . .	a
	elles	font	. . .	ont

2

Qu'est-ce que vous faites ?

	je travaille	tu travailles	il/elle travaille	nous travaillons	vous travaillez	ils/elles travaillent
	travaj			travajɔ̃	travaje	

3

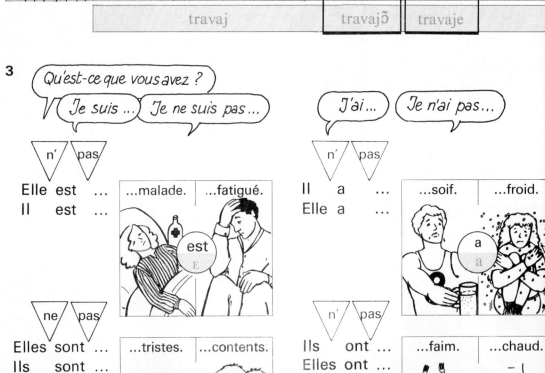

Qu'est-ce que vous avez ?

Je suis ... *Je ne suis pas...* *J'ai ...* *Je n'ai pas...*

n' / pas

Elle est ... ...malade. | ...fatigué.
Il est ...

est
ɛ

Il a ... ...soif. | ...froid.
Elle a ...

a
a

ne / pas

Elles sont ... ...tristes. | ...contents.
Ils sont ...

sont
sɔ̃

n' / pas

Ils ont ... ...faim. | ...chaud.
Elles ont ...

ont
zɔ̃

Ils ont travaillé

Je téléphone

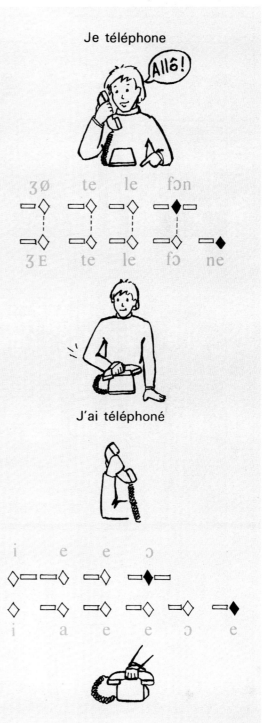

J'ai téléphoné

Je vais à Paris

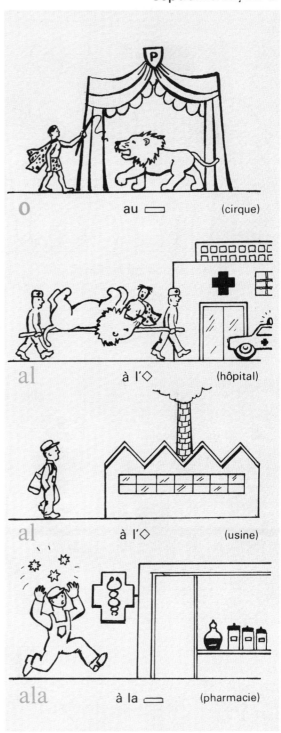

o au ⬭ (cirque)

al à l'◇ (hôpital)

al à l'◇ (usine)

ala à la ⬭ (pharmacie)

mémo

1

Qu'est-ce qu'ils font?

> Ils travaillent.

Qu'est-ce qu'ils ont fait?

> Ils ont travaillé.

2

Où est-ce qu'	il est
	elle va

 Il est à l'école.

 Elle va en Suisse.

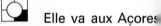 Elle va aux Açores.

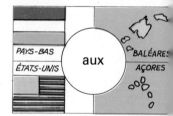

3

Où est-ce que vous allez? Je vais à Paris.

	je vais	tu vas	il / elle va	nous allons	vous allez	ils / elles vont

rappels

1

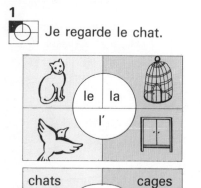

Je regarde le chat.

le la l'

les

chats cages

z oiseaux armoires z

2

Voilà mon écharpe.

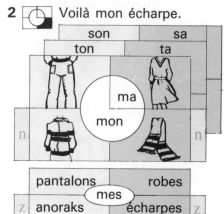

son sa
ton ta

ma
mon

n n

pantalons robes

mes

z anoraks écharpes z

Je **ne** vois **pas**
l'éléphant
Ce **n**'est **pas**
mon anorak

3

Il a une moto.

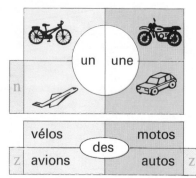

un une

n

vélos motos

des

z avions autos z

4

Elle a de l'argent.

du de la
de l'

pas de
pas d'

Luc n'a pas de moto
Il n'y a pas d'eau.

5

Nous allons au cinéma.

au à la
à l'

6

Vous allez en Inde.

JAPON au CHINE

URUGUAY en INDE

n n

Pays-Bas Baléares

aux

z États-Unis Açores z

Nous n'allons pas
à la gare

Vous n'allez pas
au Japon.

	1	2	3	4	5	6
	je j'◇	tu	il / elle	nous	vous	ils / elles
	...e	...es	...e	...ons	...ez	...ent
				ɔ̃	e	

	écoute	écoutes	écoute	écoutons	écoutez	écoutent
	regarde	regardes	regarde	regardons	regardez	regardent
	travaille	travailles	travaille	travaillons	travaillez	travaillent

Écoute !		Écoutez !
Regarde !		Regardez !
Travaille !		Travaillez !

	ai	as	a	avons	avez	ont
	vais	vas	va	allons	allez	vont
	fais	fais	fait	faisons	faites	font
	suis	es	est	sommes	êtes	sont

lire en français

Monique :	Regardez Sabine! Elle est très jolie.
Luc :	Mais ce n'est pas Sabine!
Monique :	Ah! Qui est-ce?
Pablo :	Regarde!
Monique :	Ah! Je comprends maintenant. Ce n'est pas Sabine, c'est Betty.

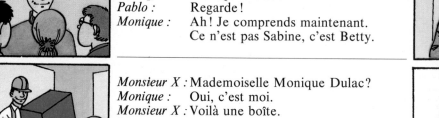

Monsieur X :	Mademoiselle Monique Dulac?
Monique :	Oui, c'est moi.
Monsieur X :	Voilà une boîte.
Monique :	Qu'est-ce que c'est? Une cage! Mais il n'y a pas d'oiseau chez moi!
Monsieur X :	Non! Mais il y a un ballon.

Luc :	Il y a une valise rouge dans l'auto.
M. Dulac :	Une valise rouge? Ce n'est pas à moi.
Luc :	A qui est-ce?
M. Dulac :	Regarde le nom!
Luc :	Il n'y a pas de nom, il y a B. B.
M. Dulac :	Ah! Je comprends, c'est la valise de...

Mme Dulac :	Le train part dans vingt minutes.
Sabine :	Je n'ai pas ma valise...
Monique :	Et moi, je n'ai pas d'argent...
Luc :	Je ne vois pas mon anorak!
Mme Dulac :	Regardez dans l'armoire!
Luc :	Ah! Voilà la valise... l'anorak... et l'argent!

Pablo est chez lui, avec sa mère; il regarde des photos de ses amis français.

Pablo :	Tu vois, voilà M. et Mme Dulac, ils ont trois enfants : Sabine, Luc et Monique.
Mme Neto :	Où est-ce que vous êtes?
Pablo :	Nous sommes à la campagne, chez les parents de M. Dulac.
Mme Neto :	Qu'est-ce que vous faites?
Pablo :	Nous faisons un pique-nique avec la famille Dulac et Betty Borgen. Regarde! Luc n'est pas content, il n'a pas mangé!
Mme Neto :	Mais qui est-ce, Betty Borgen? Elle n'a pas un nom français.
Pablo :	Non, elle n'est pas française, elle est...

C'est dimanche, mademoiselle Plume part à la campagne avec une petite valise et une grande boîte rouge; elle va chez ses amis, les Dulac.

Mme Dulac : Il est onze heures, les enfants! Mlle Plume
a téléphoné, c'est l'heure de son train.

Monique et Luc vont à la gare de Melun.

Les enfants : Bonjour, Mlle Plume.
Mlle Plume : Bonjour, les enfants.

Les enfants aident Mlle Plume : Luc porte la
valise et Monique porte la grande boîte rouge:
elle n'est pas très lourde.

Mlle Plume : Oh! C'est joli, la campagne,
avec les nuages dans le ciel!
Luc : Ah! Voilà la maison, là, sous les arbres.
Mais qu'est-ce que tu fais, Monique?
Monique : Chut! J'écoute.
Luc : Tu écoutes une boîte!...
Mme Dulac : Ah! Voilà Mlle Plume et les enfants.

Mlle Plume va dans la maison; elle parle
avec monsieur et madame Dulac.
Maintenant, la grande boîte rouge
est sur la table.

Monique : Regarde! Il y a un nom sur la boîte.
Luc : « Balta », qu'est-ce que c'est?
Monique : Balta, c'est le nom d'une amie de Pablo.
Luc : Mais non! C'est Talba, Miriam Talba.
Monique : Alors, je ne comprends pas...
Luc : Mlle Plume, qu'est-ce qu'il y a dans la boîte?

Les enfants attendent la réponse,
mais Mlle Plume ne parle pas,
elle regarde les enfants.

Luc : Oh! Écoutez!
Monique : Ah! Toi aussi, tu écoutes la boîte!
Les enfants : Mais qui a parlé, Mlle Plume?
Mlle Plume : Eh bien! Ouvrez la boîte!

Les enfants ouvrent la boîte :
dans la boîte, il y a une cage
et, dans la cage, il y a ...
un perroquet!

Le perroquet : « Bonjour! »
Monique : Oh! Comment il s'appelle?
Mlle Plume : Eh bien! Demande!
Luc : Comment tu t'appelles?
Le perroquet : Je m'appelle Balta!

leçon **8** huit

Claire et Alain

Claire aime bien Alain.
Alain aime bien Claire.

Samedi 3 mars

Alain va au judo,
mais Claire
n'aime pas le judo.

> Dis, Claire,
> je vais au judo.
> Tu viens avec moi ?

> Ah ! Non... pas aujourd'hui.

Samedi 10 mars

Claire va au cinéma.
Avec Alain ?
Non, Alain ne vient pas.

> Alain, tu viens
> à huit heures ?

> Il est huit heures dix !...
> Et il n'est pas là...
> Pourquoi ?...

> D'accord,
> à huit heures.

7 mars

Alain va à la piscine.
y a Françoise et Marc.
t Claire ?

24 mars

Alain n'est pas content.
Claire n'est pas contente.

t le 31 mars...

ils vont au bois.

Alain, je ne viens pas.
Ma sœur est malade.
Et toi, tu vas à la
piscine ?

Eh ! oui.
A demain,
Claire.

5

Françoise ! Marc !
Vous venez ?

Oui, oui,
nous venons.

Ils vont à la piscine,
Et moi ?

6

Écoute, Claire,
tu n'aimes pas le judo...
Je vais à la piscine,
tu ne viens pas !

Et toi,...
le cinéma...

7

Chic, la voilà !

8

METRO

Françoise et Marc
viennent avec nous ?

AH ! NON,
ALORS !

9

des modèles à retenir

1 L'autobus n'attend pas !

Jacques :   Eh ! André, il est huit heures moins dix,
est-ce que tu viens ?
André :   Oui, oui, je viens.
Jacques :   Attends, Annie est là, elle vient avec nous.
Annie :   Et il y a aussi Suzanne et Alice...
Alice :   Oui, attendez, nous venons !
Jacques :   Alors quoi, elles viennent ?
André :   Ah ! les voilà !
Annie :   Oui, oui, nous arrivons.
Jacques :   Vite, vite ! L'autobus part !

2 C'est mercredi, l'école est finie !

François :   Bon, il est deux heures. Qu'est-ce que nous faisons ?
Jean-Marc :   Allons au cinéma !
François :   Non, il n'y a pas de bon film...
Ah ! tiens, voilà Chantal et Lucie.
Chantal :   Qu'est-ce que vous faites ?
Jean-Marc :   Nous allons... euh... à la piscine.
Chantal :   Mais non, venez chez moi. J'ai des disques.
Les deux amis : D'accord ! Chouette !
Jean-Marc :   Attendez, je vais à la maison
et je prends mes disques.
Chantal :   Oui, mais reviens vite !

mémo

1

je viens	tu viens	il elle vient	nous venons	vous venez	ils elles viennent

2

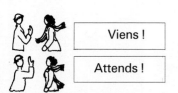

Viens !
Attends !

Venez !
Attendez !

3

Marc est là.	Annie vient de l'école.	Marc et Annie sont là.
Le voilà !	**La** voilà !	**Les** voilà !

Le carnet de Claire

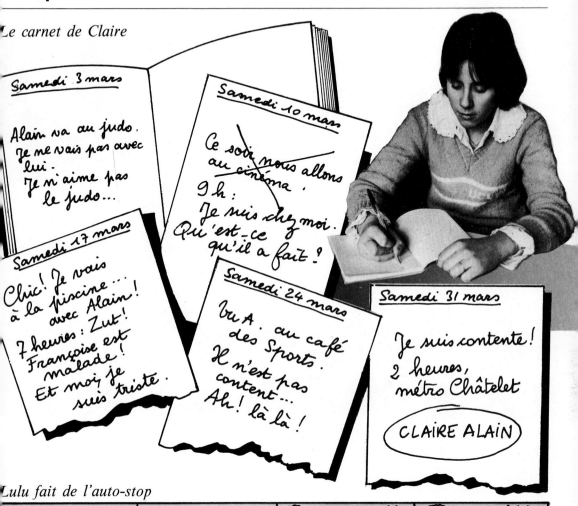

Samedi 3 mars

Alain va au judo.
Je ne vais pas avec lui.
Je n'aime pas le judo…

Samedi 10 mars

~~Ce soir nous allons au cinéma.~~
9 h :
Je suis chez moi.
Qu'est-ce qu'il a fait ?

Samedi 17 mars

Chic! Je vais à la piscine… avec Alain!
7 heures : Zut! Françoise est malade!
Et moi je suis triste.

Samedi 24 mars

Vu A. au café des Sports.
Il n'est pas content…
Ah! là là!

Samedi 31 mars

Je suis contente!
2 heures, métro Châtelet

CLAIRE ALAIN

Lulu fait de l'auto-stop

Vous parlez français?

1

2

3

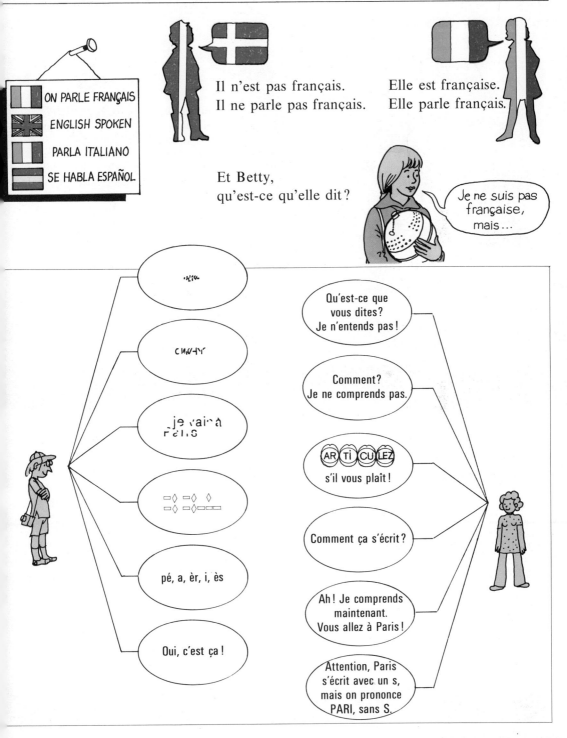

Il n'est pas français.
Il ne parle pas français.

Elle est française.
Elle parle français.

Et Betty,
qu'est-ce qu'elle dit?

Je ne suis pas française, mais...

ON PARLE FRANÇAIS
ENGLISH SPOKEN
PARLA ITALIANO
SE HABLA ESPAÑOL

je vais à Paris

pé, a, èr, i, ès

Oui, c'est ça!

Qu'est-ce que vous dites?
Je n'entends pas!

Comment?
Je ne comprends pas.

ARTICULEZ
s'il vous plaît!

Comment ça s'écrit?

Ah! Je comprends maintenant.
Vous allez à Paris!

Attention, Paris s'écrit avec un s, mais on prononce PARI, sans S.

des modèles à retenir

Un touriste en Allemagne

Helga :	Vous parlez français, Monsieur?
Le touriste :	Oui! Est-ce que vous comprenez?
Helga :	Non, vous parlez trop vite.
Le touriste :	Où est la gare, s'il vous plaît?
Hans :	« Lagare »? Qu'est-ce que ça veut dire?
Le touriste :	Vous savez, une gare, pour les trains.
Hans :	Ah! oui! Je comprends maintenant! « Le » gare, c'est... Euh!
Helga :	Pas « le » gare, la gare. La gare est... Ah! J'ai oublié!
Hans :	Monsieur, vous venez avec nous!
Helga :	Oui, venez! Nous allons à la gare.

mémo

1

	vous parlez		nous parlons		on parle

2

	êtes	Je suis journaliste.
Qu'est-ce que vous	faites	Je parle.
	dites	Je dis : « Bonjour ! »

3 Dans l'alphabet français, il y a 26 lettres : 20 consonnes et 6 voyelles.

A	B	C	D	E	F	G	H	I	J	K	L	M
a	bé	cé	dé	e	èf	gé	hach	i	ji	ka	èl	èm

N	O	P	Q	R	S	T	U	V	W	X	Y	Z
èn	o	pé	ku	èr	ès	té	u	vé	double vé	iks	i grec	zèd

  accent aigu ´   accent grave `   accent circonflexe ^

« Il a oublié son sac à l'hôtel. »

PETIT DICTIONNAIRE FRANÇAIS

auto (une) : on dit aussi une voiture.
autobus (un) : pour aller dans les rues.
avec ≠ sans.
avion (un) : pour aller dans les nuages.
avoir : « j'ai un avion » = « c'est à moi » — j'ai, tu as, il a, nous avons, vous avez, ils ont.

On écrit :

un avion

des avions
deux avions

mon avion

un petit avion

c'est un avion

c'est à moi

vous avez

ils ont

On dit
On entend :

^{n}a
^{z}a
^{z}a
^{n}a
^{t}a
^{t}$\tilde{\text{E}}$
^{t}a
^{z}a
^{z}$\tilde{\text{ɔ}}$

Qu'est-ce que c'est ?

COMMENT ÇA S'APPELLE EN FRANÇAIS ?
COMMENT ÇA S'ÉCRIT ?
COMMENT ÇA SE PRONONCE ?

On parle français..., *beaucoup...,* *un peu...,* *pas du tout...*

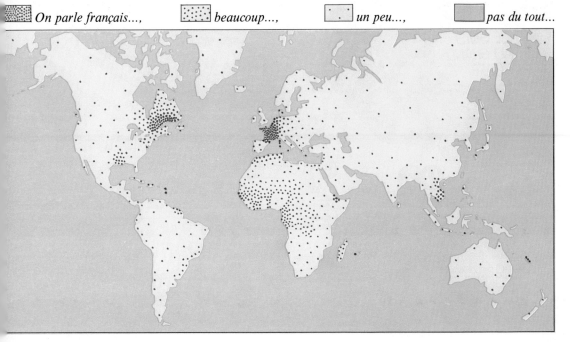

des mots pour le dire

Où es-tu?

Je suis au Grand Café.
      à la gare.
      à l'hôtel.

Où est le Grand Café?

    C'est rue Curie, au numéro 6.
    Ici, c'est la rue Curie.
Le numéro 2 est à côté du numéro 4.
Moscou est loin de Paris (2 910 km).
Versailles n'est pas loin de Paris (20 km).

    Luc est derrière Pablo.
    Pablo est devant Luc.

Où vas-tu? Où va l'autobus 38?

Je vais au stade.
L'autobus va au stade.
        à la poste.
Il traverse la Loire.

La première rue à gauche, c'est...
La deuxième rue à droite, c'est...

Pour aller au stade, s'il vous plaît?

Vous prenez l'autobus numéro 7.
Vous montez à la station « Théâtre ».
Après, vous changez à « Liberté ».
Vous descendez à la station « Stade ».

D'où viens-tu? D'où vient l'autobus...?

Je viens de ...
L'autobus vient de ...
       part de ...

L'autobus va de la mairie
   à la station « Liberté ».

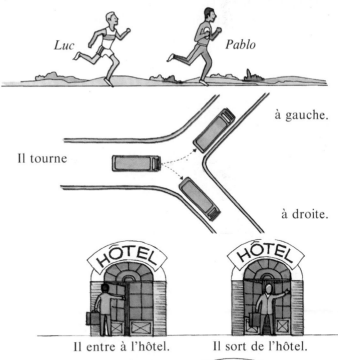

Il tourne — à gauche. / à droite.

Il entre à l'hôtel.   Il sort de l'hôtel.

des modèles à retenir

Une ligne circulaire

Clara : Tiens, Allan, d'où viens-tu?
Allan : Je viens de la gare de l'Ouest.
Clara : La gare de l'Ouest? Mais c'est ici!
Allan : Oui, je sais, Clara, mais voilà :
       j'ai pris l'autobus n° 16.
Clara : Il part de la gare de l'Ouest?
Allan : Oui; après, il traverse la Loire...
Clara : ...et il passe devant la mairie.
Allan : Oui, c'est vrai. Après, il traverse encore la Loire.
Clara : ...et il arrive gare de l'Ouest.
Allan : Comment? Tu sais?
Clara : Mais oui, la ligne 16 est une ligne circulaire!
      Et tu as fait un tour pour rien!
Allan : Pas du tout, Clara.
      Maintenant, je connais très bien la ville.

mémo

1

Où est Jimmy?	Où allez-vous?	de D'où venez-vous
Jimmy est à Paris.	Je vais à Paris.	Je viens de Rome.
à la gare.	à la gare.	de la gare
à l'hôtel.	à l'hôtel.	de l'hôtel.
au théâtre.	au théâtre.	du théâtre
J'arrive à la gare.	J'entre à la gare.	Je sors de la gare

2

à gauche de la gare   à droite de la gare

Tournez à gauche!   Tournez à droite

e sais *lire un plan* leçon **10**

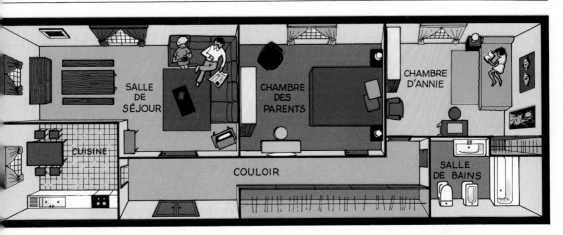

Où est la cuisine?
Où est la chambre des parents?
Où est la chambre d'Annie?   Pour aller de ... à ...?

Suivez le guide!

rappels

1

J' ◇ → Je n'◇

2 On peut dire...

Elle va de la maison à la gare.	« Tu viens? » — « Oui, je viens. »
~~vient~~	~~vas~~ ~~vais~~

3

	•	⁘			
			•	⁘	
	formidable	formidables		▭	malade facile rouge
	fatigué	fatigués			
	fatiguée	fatiguées		◇	joli
	content	contents		◇	petit
	contente	contentes		◇ ▭	grand français

60 soixante

	1	2	3	4	5	6
	je / j'◇	tu	il / on \ elle	nous	vous	ils / elles

	ã		ønõ	øne	ɛn
	...ends	...end	...enons	...enez	...ennent
A	prends	prend	prenons	prenez	prennent
B	apprends	apprend	apprenons	apprenez	apprennent
C	comprends	comprend	comprenons	comprenez	comprennent

	ã		ãdõ	ãde	ãd
	...ends	...end	...endons	...endez	...endent
D	attends	attend	attendons	attendez	attendent
E	entends	entend	entendons	entendez	entendent
F	descends	descend	descendons	descendez	descendent

	r		rtõ	rte	rt
	...rs	...rt	...rtons	...rtez	...rtent
G	sors	sort	sortons	sortez	sortent
H	pars	part	partons	partez	partent

	sɛ		savõ	save	sav
	sais	sait	savons	savez	savent

Le Chevalier

21 AVRIL 1338
À RENNES, EN BRETAGNE,
C'EST LE MARIAGE DE
CHARLES DE BLOIS
ET DE JEANNE DE
PENTHIÈVRE.
IL Y A UNE
GRANDE FÊTE.
LES SEIGNEURS
BRETONS SONT
LÀ POUR LES JEUX.

RENNES

BRUNETTE ET COLAS REGARDENT. LES JEUX VONT COMMENCER.

QUI VA GAGNER?

CE CHEVALIER AVEC UN BLASON ROUGE.

NON, LE CHEVALIER NOIR!

TIENS, IL N'A PAS DE BLASON?

TU VOIS, IL A GAGNÉ.

OUI, MAIS ATTENDS!

AH! VOILÀ LE CHEVALIER NOIR. REGARDE-LE!

PFFF!

IL A GAGNÉ!

OUI, MAIS ATTENDS

onzième leçon

★ HISTOIRE VRAIE

des modèles à retenir

1 Un cadeau pour Stéphane

« Anne, regarde cette cravate...
– Oh, elle n'est pas très jolie.
– Et ces lunettes de soleil?
– Est-ce qu'il va aimer?
– Alors ce disque... ou cet album de photos?
– Bonne idée, je choisis ce disque. »

2 Au Bol d'or

3 C'est mercredi

« Moi, je vais jouer avec Sophie.
– Oui, appelle-la!
– Et moi, je regarde la télé : il y a un bon film.
– Eh bien, regarde-le. Et toi, Alain, qu'est-ce que tu vas faire?
– Écouter des chansons.
– Écoute-les... mais en silence! »

---

mémo

1

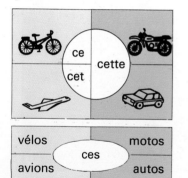

2

Je	vais*	travailler.
		écrire.
		attendre.

* *voir* **aller**
page 119

3

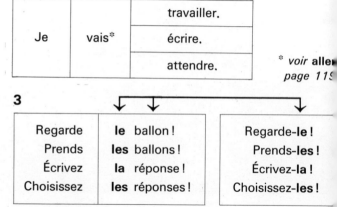

Regarde	**le** ballon!	Regarde-**le**!
Prends	**les** ballons!	Prends-**les**!
Écrivez	**la** réponse!	Écrivez-**la**!
Choisissez	**les** réponses!	Choisissez-**les**!

Une idée de Bertrand

C'est l'hiver de l'année 1349.
Bertrand Duguesclin et ses soldats
traversent la campagne de Bretagne.
« Bertrand, voilà le château
de Faugeray, derrière ce bois ! »
Duguesclin n'aime pas le seigneur de Faugeray...

Bertrand dit alors :
« Nous allons prendre ce château !
— Mais comment ? Avec ces soldats ?
Regardez-les : à gauche, à droite,
devant, derrière...
— J'ai une idée, vous allez voir... »

Une heure après,
les paysans arrivent devant la porte du château.
« Ouvrez ! Nous apportons du bois ! »
Les soldats voient les paysans
et appellent le seigneur.
Le seigneur regarde les paysans et dit :
« Nous n'avons pas de bois pour l'hiver.
Ouvrez la porte ! »

DUGUESCLIN!

Les paysans entrent.
Mais qu'est-ce qu'il y a ?
On entend : « Duguesclin ! »
Et ...

Le prix des choses

les mots pour le dire

QU'EST-CE QUE
VOUS DITES ?

QUATRE-VINGT-ONZE
FRANCS CINQUANTE

91,50ᶠ

Vous avez...?
Est-ce que vous avez...?
Je cherche quelque chose pour...
Qu'est-ce que vous avez?

Qu'est-ce que vous voulez?
Est-ce que vous voulez...?
En voilà.
En voilà un kilo.
C'est tout?

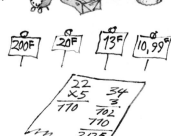

C'est combien?
Ça coûte combien?
Le prix?

C'est dix francs.
Dix francs vingt.
2 kilos à 5 francs et 3 litres
de lait à 2 francs : 16 francs.

C'est cher!
C'est très cher!
C'est trop cher!

Mais non, ce n'est pas cher.

Ça, c'est $\begin{Bmatrix} \text{moins} \\ \text{plus} \end{Bmatrix}$ cher.

Je n'ai pas assez d'argent.
Je n'ai pas de monnaie.

Est-ce que vous avez
vingt centimes?
Un franc cinquante?

60 (soixante) 61 (soixante et un)
62 (soixante-deux)
70 (soixante-dix) 71 (soixante et onze)
72 (soixante-douze)
80 (quatre-vingts) 81 (quatre-vingt-un)
90 (quatre-vingt-dix)
91 (quatre-vingt-onze)
100 (cent) 101 (cent un)

des pièces de monnaie

un billet de 50 F

BIZARRE !

QUATRE-
VINGT-DIX

la monnaie
du billet de 50 F

des modèles à retenir

Un petit souvenir

Ramon :	Monsieur, s'il vous plaît, combien ça coûte ?
Le marchand :	Ça ?
Ramon :	Non, ça, à droite.
Le marchand :	Ah ! La petite Tour Eiffel. C'est dix francs.
Ramon :	Dix francs ? Tenez, voilà deux cents pesetas.
Le marchand :	Ah ! non. Il faut changer à la banque.
Ramon :	Oui, mais c'est fermé. Attendez ! J'ai encore un peu d'argent français.
Le marchand :	Vous avez combien ?
Ramon :	Cinq francs, six, sept, huit francs, cinquante centimes. Je n'ai pas assez.
Le marchand :	Ça ne fait rien, prenez la Tour Eiffel !
Ramon :	Merci, monsieur. Vous êtes gentil.
Le marchand :	C'est un petit souvenir de Paris.

Il a de l'argent espagnol

Oui, il en a

Il a une Tour Eiffel

Oui, il en a une

mémo

1

C'est Ça fait Ça coûte	combien?	C'est Ça fait Ça coûte	trente francs. cher, très cher.
Vous avez combien?		J'ai dix francs.	

2

Est-ce que vous avez...	... de l'argent?	Oui,	j'en ai. en voilà.	
	... de la viande?		j'en ai	un kilo.
	... du lait?		en voilà	un litre.
	... des œufs?			4 ou 5.
	... une orange?		j'en ai une. en voilà une.	

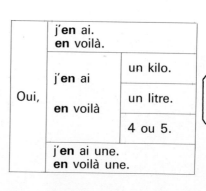

e sais *acheter*

Je choisis.

POUR ELLE

Ces écharpes sont jolies
40^F

Un souvenir de Paris
50^F

Une petite robe d'été
143^F

POUR LUI

Ce sac de pique-nique

Il est grand et il n'est pas cher

52^F

Formidable !

La cravate

pour **25**^F

Pour jouer au stade, un ballon **48**^F

POUR ELLE ET LUI

Cette guitare à un prix extraordinaire !

400^F

Lunettes de soleil

20^F

Mon premier magnétophone

225^F

• J'achète ou je n'achète pas ?

• Je compte mon argent.

Je n'ai pas assez d'argent. J'ai assez d'argent.

leçon **13** treize Le jour J

des mots pour le dire

 ...QUAND?

 IL ARRIVE...

aujourd'hui / demain
ce matin / **ce** soir
dans une heure
à dix heures trente

quel jour?

lundi
le 16
le 16 février

 ...DEPUIS QUAND?

J'ATTENDS DEPUIS...

hier
ce matin
cinq minutes, une heure
dix heures trente
lundi
le 16
le 16 février

 ...JUSQU'À QUAND?

JE RESTE JUSQU'{ À ... { AU...

(à) demain
(à) ce soir
(à) dix heures trente
(à) lundi

(au) 16
(au) 16 février

Quelle heure est-il?

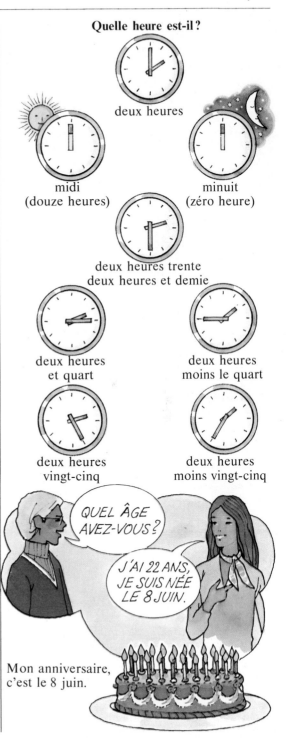

deux heures

midi
(douze heures)

minuit
(zéro heure)

deux heures trente
deux heures et demie

deux heures
et quart

deux heures
moins le quart

deux heures
vingt-cinq

deux heures
moins vingt-cinq

QUEL ÂGE AVEZ-VOUS?

J'AI 22 ANS, JE SUIS NÉE LE 8 JUIN.

Mon anniversaire,
c'est le 8 juin.

des modèles à retenir

Les bons amis?

Depuis cinq minutes,
Ludovic est chez Henri et Marianne Dupont.

Henri .	Tu as écrit quand?
Ludovic :	Il y a un mois.
Marianne :	Tu vas rester à Paris jusqu'à quand?
Ludovic :	Jusqu'à lundi, une semaine.
Henri :	Très bien... Ah! oui, mais vendredi, nou partons chez des amis.
Ludovic :	Alors je vais rester chez vous quatre jours de mardi à vendredi.
Marianne :	Oui mais... mercredi, les cousins Duran arrivent. Et ils prennent la chambre.
Henri :	Ah! oui, c'est vrai... Écoute, Ludo : je télé phone à l'Hôtel du Nord. Il n'est pas cher e ce n'est pas loin de chez nous. Je demand une chambre pour demain.

mémo

1

Tu as écrit			Il y a un mois.
Tu es à Paris	depuis	quand?	Depuis une semaine.
Tu vas rester en France	jusqu'à		Jusqu'à lundi.

2

Ludovic va **d'**Amsterdam **à** Paris.

Erika reste trois jours à Paris : **du** 18 **au** 20 avril.

3

Le matin et le soir,

Mais aujourd'hui, sa voiture ne veut pas partir; alors **ce** matin,

et **ce** soir,

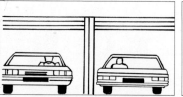

monsieur Butin prend sa voiture.

il a pris l'autobus

il va prendre un taxi.

● *lire un horaire*

| | Marseille → Paris | | | | | Paris → Lille | |

	Rap. 501	Exp. 505	Rap. 150	Exp. 508	Rap. 526	TEE 22	Exp. 509
		🚍	🚍 🚍 ✕	🚍 🍷	🚍 🚍	✕ 🍷	🚍
Marseille St Charles	6 00		11 43	13 15	14 08	Milan	20 30
Avignon _____	7 00		12 42	14 22	15 24	↓	22 45
Valence _____	8 19		13 47	16 24	16 35		0 23
Lyon _____	9 16	13 37	14 44	18 13	17 28	↓	1 31
Dijon _____	11 04	15 37	16 23		19 06	20 36	3 25
Paris Gare de Lyon	13 30	18 52	19 20		21 43	22 58	6 38

	Rap. 15293	Exp. 2219	Rap. 2227	Exp. 2929	Rap. 491	Exp. 2247	Exp. 2201
Paris Gare du Nord	6 16	10 43	14 47	17 02	22 00	23 24	0 50
Arras _____	8 25	12 20	16 14	18 31		1 35	3 38
Lille _____	9 10	12 59	16 52	Dunkerque 0 02	2 15	4 58

trouver la réponse

10 heures. Monsieur Lambert sort de son bureau. Il a oublié sa montre sur la table.
De 10 heures à 11 heures, quatre personnes entrent dans le bureau de monsieur Lambert.
- A 10 heures dix, monsieur Isidore.
- Douze minutes après, monsieur Lavaud.
- A 11 heures moins vingt, mademoiselle Lesur.
11 heures. Monsieur Lambert revient dans son bureau.
Il demande à mademoiselle Bertin, sa secrétaire :
« Où est ma montre ?
- Je suis dans le bureau depuis quarante minutes,
je n'ai pas vu la montre. »

Alors... Qui est le voleur ?

Deux histoires pour rire

Quel âge ont-ils ?

Quelle heure est-il ?

Monsieur Boulot travaille la nuit
et madame Boulot travaille le jour.

rappels

1

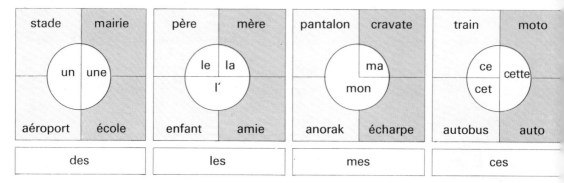

stade	mairie
un	**une**
aéroport	école
des	

père	mère
le	**la**
l'	
enfant	amie
les	

pantalon	cravate
	ma
mon	
anorak	écharpe
mes	

train	moto
ce	**cette**
cet	
autobus	auto
ces	

2

IL VA DESSINER.

CHUT ! IL DESSINE !

IL A DESSINÉ.

3

écouter
Écoute !
Écoutez !

acheter	faire	lire	aller
Achète !	Fais !	Lis !	Va !
Achetez !	Faites !	Lisez !	Allez !

BIZARRE !

appeler	dire	écrire	prendre
Appelle !	Dis !	Écris !	Prends !
Appelez !	Dites !	Écrivez !	Prenez !

4

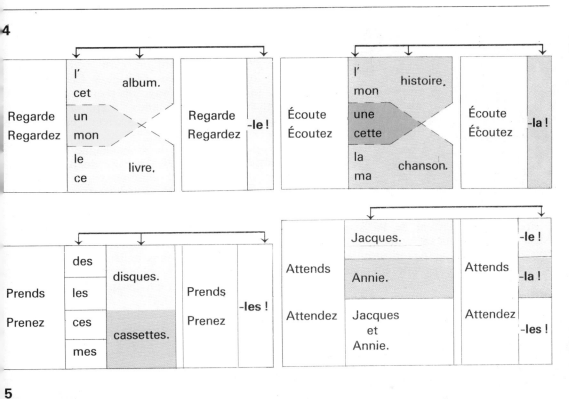

	l' cet	album.	Regarde Regardez	-le !
Regarde Regardez	un mon			
	le ce	livre.		

	l' mon	histoire.	Écoute Écoutez	-la !
Écoute Écoutez	une cette			
	la ma	chanson.		

	des	disques.	Prends Prenez	-les !
Prends Prenez	les ces			
	mes	cassettes.		

	Jacques.		-le !
Attends	Annie.	Attends	-la !
Attendez	Jacques et Annie.	Attendez	-les !

5

Elle va travailler	quand?	aujourd'hui, lundi, dans deux heures, ce soir, à 8 heures.
	jusqu'à quand?	jusqu'à midi.
Ils travaillent	quand?	aujourd'hui, ce matin, mercredi, à 2 heures, dans deux heures.
	jusqu'à quand?	jusqu'à midi.
	depuis quand?	depuis trente minutes, depuis 2 heures 25.
Il a travaillé	quand?	à midi, ce matin, mercredi, il y a un mois.
	jusqu'à quand?	jusqu'à midi.

Le grand voyage

Samedi 29 mars. Aujourd'hui, c'est le grand jour, le premier jour des vacances de Pâques. Claire et Alain font les sacs pour un voyage; ils partent pour le Festival International des Jeunes d'Europe, à Athènes, en Grèce. C'est un voyage très cher : c'est loin, mais on peut faire de l'auto-stop !

Ce jour-là, Betty part de Copenhague, Pablo part de Madrid, Hans et Helga partent de Berlin... Plus de mille jeunes de 13 à 17 ans vont traverser des pays et retrouver des amis : des Suédois, des Autrichiens, des Polonais, des Portugais...

Claire et Alain partent de Paris; pour gagner un peu d'argent, Claire a pris sa guitare et Alain son harmonica : le soir, on chante et on fait de la musique sur les places et dans les rues. Ils vont en auto-stop jusqu'à Rome pour retrouver deux amis italiens, Pietro et Gina. Mais dans un voyage international, il y a beaucoup de petits problèmes; il faut savoir des langues étrangères. Au collège, Claire apprend l'espagnol et Alain l'allemand, mais ils ne parlent pas le grec !

Le 2 avril, Claire et ses amis arrivent en Grèce; elle a oublié son passeport sur le bateau, mais elle ne sait pas le dire en grec, et le policier ne parle pas français. Comment faire? Betty explique en anglais. Le policier attend, il ne comprend pas ! Mais Pietro a compris, il explique en italien. « Ah ! Mademoiselle a oublié son passeport, dit le policier, mais elle ne peut pas entrer en Grèce sans passeport... Attendez, je vais demander à quelle heure le bateau repart... Allô !... oui, à 21 heures 30... Merci... Vous avez entendu? Il est 20 heures 30, vous avez une heure pour retrouver le passeport. » Une heure après, Claire revient avec son passeport, elle est très contente et ses amis aussi !

Enfin, les voilà à Athènes. Alain a appris en grec : « Pardon, Monsieur, où est le Festival des Jeunes, s'il vous plaît? » Il demande, mais il ne comprend pas la réponse : ce n'est pas la première rue à gauche, c'est la deuxième à droite... Une dame aide les jeunes et ils arrivent au Festival, fatigués et contents. On entend des « Salut » et des « Bonjour » en anglais, en danois, en roumain. Claire et Alain ont écrit une chanson : c'est l'histoire d'un garçon et d'une fille; ils ont fait le tour du monde sans argent, mais ils ont gagné... beaucoup d'amis.

Maintenant, le voyage est fini. C'est un bon souvenir. Claire regarde la carte et lit son carnet de voyage.

LA FINLANDE — HELSINKI
LA NORVÈGE — OSLO
LA SUÈDE — STOCKHOLM
L'IRLANDE — DUBLIN
LA GRANDE BRETAGNE
LE DANEMARK — COPENHAGUE
L'U.R.S.S.
LES PAYS BAS — AMSTERDAM
R.D.A. — BERLIN
VARSOVIE
LA POLOGNE
LONDRES
LA BELGIQUE — BRUXELLES — BONN
L'ALLEMAGNE
PARIS
LUXEMBOURG
R.F.A.
PRAGUE
LA TCHÉCOSLOVAQUIE
VIENNE
LA FRANCE
BERNE
LA SUISSE
L'AUTRICHE
BUDAPEST
LA HONGRIE
LYON
LA ROUMANIE — BUCAREST
L'ITALIE
LA YOUGOSLAVIE
BELGRADE
LE PORTUGAL
MADRID
L'ESPAGNE
ROME
BRINDISI
L'ALBANIE — TIRANA
LA BULGARIE — SOFIA
LA GRÈCE — ATHÈNES

Samedi
Alain et moi, nous attendons depuis 2 heures : il n'y a pas de voitures. J'ai un peu froid et j'ai faim.

Dimanche matin
Nous partons de Lyon à 9 heures. Nous sommes encore loin de Rome !

Lundi
A dix heures, nous arrivons en Italie ; nous avons fait 200 km : ça va vite ! Les Italiens sont gentils. A 18 heures, nous arrivons à Rome. Ici tout est beau mais les problèmes commencent ! Il faut parler italien et nous ne trouvons pas la maison de Pietro : Alain n'a pas pris son adresse.
Le soir, nous avons retrouvé Pablo au bureau du FIJE : c'est aussi un ami de Pietro et, lui, il a son adresse : nous arrivons chez Pietro à 10 heures du soir, c'est formidable, tout va bien !

Mardi
A Rome, j'ai acheté un petit souvenir pour mes parents, mais j'ai demandé à Pietro de venir avec moi dans les magasins : c'est plus facile.
12 h. 45 - Pietro, Alain et moi, nous prenons le train jusqu'à Brindisi. Le bateau part ce soir à 22 h. pour la Grèce.

CARNET DE VOYAGE

IL NE FAUT PAS

1. LINDA, UNE JEUNE AMÉRICAINE, EST EN FRANCE, À MARSEILLE. ELLE AIDE UNE FAMILLE FRANÇAISE, MONSIEUR ET MADAME LECOMTE.

LINDA, NOUS PARTONS. DANIEL DORT, AU REVOIR.

VOUS AVEZ LA TÉLÉVISION.

MERCI MONSIEUR... ET J'AI AUSSI MON MAGNÉTOPHONE POUR MES LEÇONS DE FRANÇAIS.

2. DEUX HEURES APRÈS...

À MARSEILLE, LES VOLEURS MASQUÉS COURENT TOUJOURS. TOUS LES SOIRS, ILS CHOISISSENT UNE MAISON ET...

OH, CETTE TÉLÉVISION!

3. MAINTENANT, JE VAIS TRAVAILLER.

4. VOILÀ UN AUTRE EXERCICE.

5. IL ATTEND DEPUIS QUAND?

DEPUIS CE MATIN.

6. QU'EST-CE QUE VOUS DITES?

JE DIS: IL ATTEND DEPUIS CE MATIN.

7. ON OUVRE LA PORTE, DEUX HOMMES MASQUÉS ENTRENT.

VA À CÔTÉ DE LA PORTE ET PAS UN MOT!

8. J'OUVRE CETTE ARMOIRE.

9. TOI TU OUVRES L'AUTRE.

TROP PARLER !

quatorzième leçon

fin

des modèles à retenir

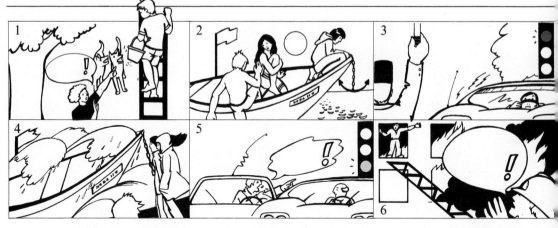

- Ne descends pas ! — 2 — On peut sortir. — 5 — Il ne faut pas attendre. — 6 — Descendez !
- On ne peut pas sortir. — 3 — Il faut attendre.

---

mémo

1

un livre	un >autre< livre	l'autre < livre
une lettre	une autre lettre	l'autre lettre
des livres	d'**autres** livres	les **autres** livres

2 Il a lu

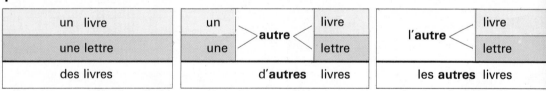

tout le livre	**tous** les livres
toute la lettre	**toutes** les lettres

3

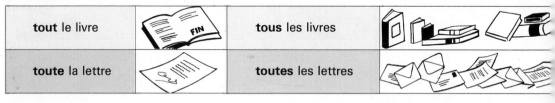

Fais ça ! Ne fais pas ça !	Il faut Il ne faut pas } faire ça.	On peut On ne peut pas } faire ça.

4

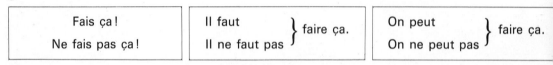

On peut faire ça ?	On ne peut pas faire ça ?

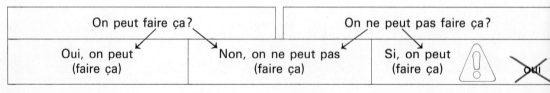

Oui, on peut (faire ça)	Non, on ne peut pas (faire ça)	Si, on peut (faire ça)

La semaine de Linda, étudiante « au pair »

Six jours sur sept, Linda aide madame Lecomte. Elle travaille cinq heures par jour.

avec Daniel   dans la maison   à la cuisine   le soir

Mais

Elle a une chambre pour elle. Elle mange tous les jours avec la famille Lecomte.

Un jour par semaine, elle ne travaille pas : elle sort.

MARS Lundi **14**	Mardi **15**	Mercredi **16**	Jeudi **17**	Vendredi **18**	Samedi **19**	Dimanche **20**
			MATIN : Aux Trois sœurs avec Claudie. APRÈS-MIDI : Daniel SOIR : Théâtre			

Tous les mois, les Lecomte donnent 500 F à Linda.

Linda parle français avec les Lecomte. Elle peut suivre des leçons de français.

Linda est contente.

Et toi? Ton idée?

Pour être étudiante « au pair », il faut avoir

plus de 18 ans. et moins de 30 ans.

L'objet

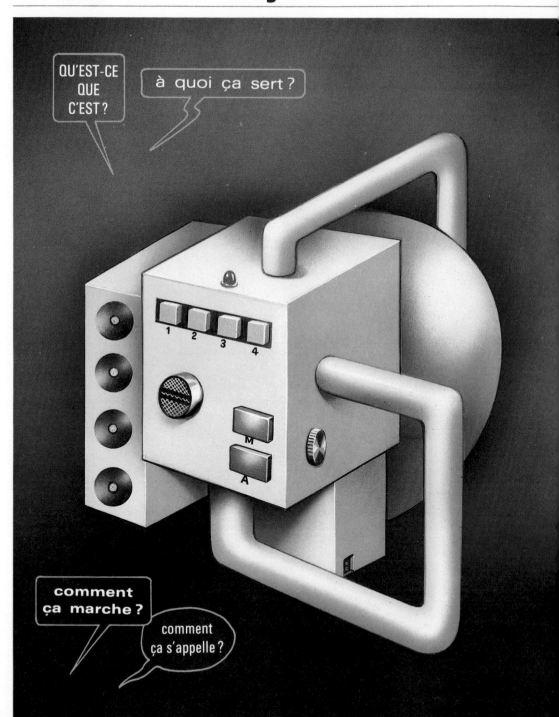

Voilà des objets...

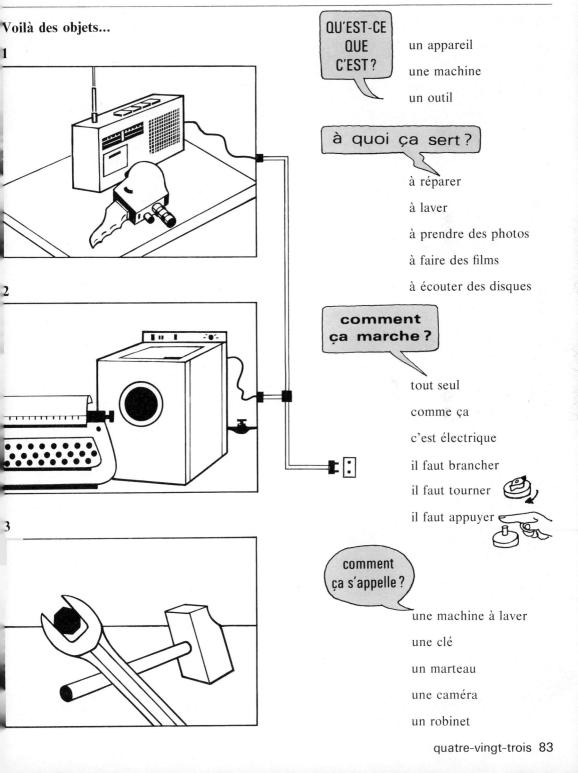

QU'EST-CE QUE C'EST ?

un appareil

une machine

un outil

à quoi ça sert ?

à réparer

à laver

à prendre des photos

à faire des films

à écouter des disques

comment ça marche ?

tout seul

comme ça

c'est électrique

il faut brancher

il faut tourner

il faut appuyer

comment ça s'appelle ?

une machine à laver

une clé

un marteau

une caméra

un robinet

des modèles à retenir

Devinez!

Luc : Qu'est-ce que j'ai dans la main?
Anne : Je ne sais pas, moi! Montre!
Luc : Ah! non! Devine, toi! Regarde! Hop!...
Anne : Tu vas trop vite, je ne vois pas.
Luc : Pose des questions!
Anne : D'accord! Est-ce que ça coupe?
Luc : Oui!
Anne : Est-ce que c'est en bois?
Luc : Non! C'est en métal et en plastique.
Anne : A quoi ça sert?
Luc : Ça sert à couper du bois.
Anne : Ah! Je sais, c'est un petit couteau!
Luc : Pas du tout! Regarde bien...
Si tu trouves, c'est pour toi.
Anne : C'est bizarre, ce truc! Comment ça marche?
Luc : Tu vois, il faut appuyer et ça marche tout seul.
Anne : Ah! J'ai compris, c'est un ⊙ électrique.
Alors, c'est pour moi?
Luc : Oui! Si tu veux!

taille-crayons

C'est...

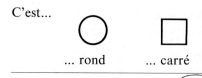

... rond   ... carré

C'est...

... en métal   ... en bois   ... en verr

... en plastiqu

Attention !

ça...

... pique   ... coupe   ... cass

Ça fait du bruit...

---

mémo

1

 (knife)		servir	à	Un couteau **sert à** couper.
(person)	se	servir	de	Pierre **se sert d'**un marteau.

Il ne sait pas
se servir
d'un marteau

2

Si elle n'a pas de crayon,	elle ne peut pas écrire.
S'il a un couteau,	il peut couper du pain.
Si on n'a pas d'outils,	on ne peut pas travailler.

Si ___ ,
S' ___ ,
Si ___ ,

3

sans **s**
avec **x**

je	tu	il / on \ elle
peux	peux	peut
veux	veux	veut

JE VEUX ÉCRIRE
MAIS JE NE PEUX PAS :
MON CRAYON
EST CASSÉ !

e sais *lire une notice*

**Pour se servir de l'appareil,
il faut lire la notice...**

Notice

1. Attention !
110 ou 220 volts.
2. Brancher l'appareil.
3. Tourner le bouton
« arrêt / marche ».
4. Mettre le bras (A)
à droite :
le disque tourne.
5. Mettre le bras
à gauche,
sur le disque.
6. Le tourne-disques
s'arrête tout seul.

leçon **15**

Devine comment ça s'appelle !

C'est rond ou carré,
C'est en verre et en métal,
Ça casse,
Ça sert à montrer l'heure...
Est-ce que tu en as une?
Quelle heure est-il?

À quoi ça sert, ce truc ?

- **Un robinet
bizarre...**
Si vous oubliez
de fermer le
robinet, l'eau
n'est pas perdue !

- **Pour ouvrir
sans regarder...**
Si vous ouvrez
une porte la nuit,
c'est facile
avec cette clé !

Alors, raconte !

des modèles à retenir

La clé du mystère

« Monsieur Reboul, qu'est-ce que vous avez fait le 13 mars?
— Le 13 mars? Je ne sais pas, j'ai oublié!
— C'est important, monsieur Reboul!
— Ah! Pourquoi? Qu'est-ce qui s'est passé le 13 mars?
— Vous ne savez pas? Vous n'avez pas lu le journal?
— Ah! Oui! On a volé les plans de l'avion Z 90 à l'usine...
— ... et vous êtes revenu à l'usine avant 22 heures.
— Moi? Ce n'est pas possible! Ce soir-là, j'ai pris un taxi et après je suis rentré chez moi. Ma femme a...
— Non! Le 13 mars, madame Reboul est allée chez sa mère.
— Ah! C'est vrai, le 13 mars, sa mère a eu un accident de voiture.
— Alors, monsieur Reboul... Vous êtes revenu à l'usine, le 13 mars!
— Attendez!... Ah! Oui, c'est ça!... Oui! Oui!
— Eh bien, qu'est-ce qui s'est passé? »

mémo

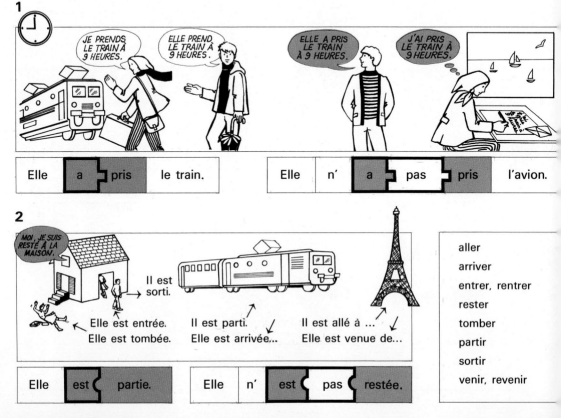

rappels

1

| En | un petit mot difficile :

A Pour dire dans quel pays : **En** Italie, **en** France.
(mais pas tous les pays : Au Portugal, aux États-Unis.)

B Pour dire en quoi c'est fait : Un objet **en** métal.

C Pour remplacer un autre mot avec *un, une, de, du, de la, de l', des …*

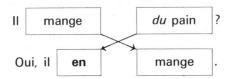

Il | mange | *du* pain | ?

Oui, il | **en** | mange | .

2

Qu'est-ce qui s'est passé?

Devinez!

Il a oublié de fermer le robinet.

Il a perdu sa clé.

3

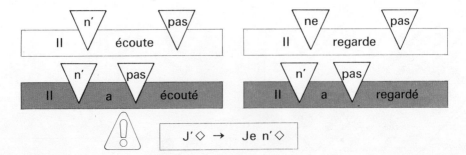

Je / J'◇	écris	lis	vois	prends	mets	fais	ai	suis
J'ai	écrit	lu	vu	pris	mis	fait	eu	été
Je vais Je peux Il faut	écrire	lire	voir	prendre	mettre	faire	avoir	être

4

| Il | n' | écoute | pas |

| Il | ne | regarde | pas |

| Il | a | n' | écouté | pas |

| Il | a | n' | regardé | pas |

⚠️ J'◇ → Je n'◇

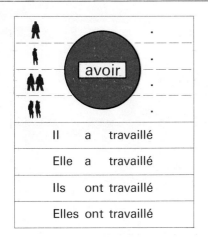

Il	a	travaillé
Elle	a	travaillé
Ils	ont	travaillé
Elles	ont	travaillé

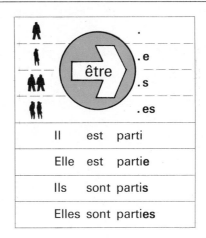

Il	est	parti
Elle	est	partie
Ils	sont	partis
Elles	sont	parties

avoir   e   i   y

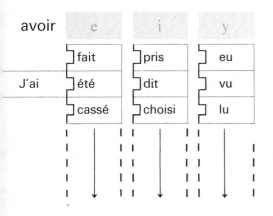

être   e   i   y

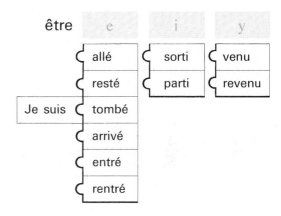

ez	
e	er
	é

J'entends,
Je dis,   e   mais   j'écris

ez	Travaillez !
	Vous travaillez.
er	Je vais travailler.
é	J'ai travaillé.

des ciseaux

COMMENT ÇA S'APPELLE ?

des ▭ ◇ ▭ ◇

COMMENT ÇA S'ÉCRIT ?

avec un *c*
un *s*
et un *x*
sans *o*

COMMENT ÇA SE PRONONCE ?

sizo

ILS SONT LÀ !

UN DIMANCHE SOIR...

ANNIE ET CHANTAL

JACQUES ET FRANÇOIS

RENTRENT À LA MAISON...

MES AMIS, LA VIE EST BELLE....

QUEL TEMPS BIZARRE!

OUI, IL FAIT CHAUD, VOUS NE TROUVEZ PAS?

OH SI! J'AI CHAUD!

VRRAAAAP

PTPOT POT

VROO

VROP VROP

TIENS, MON VÉLOMOTEUR NE MARCHE PLUS!

MA MOTO S'ARRÊTE!

MON VÉLOMOTEUR AUSSI!

PT PT

TU N'AS PLUS D'ESSENCE?

SI, J'EN AI!!

ALORS, IL Y A QUELQUE CHOSE!

QUOI? J'AI PEUR!

PEUT-ÊTRE DES MARTIENS?

DES MARTIENS?

QUELLE IDÉE!

NE L'ÉCOUTEZ PAS!!

TU VOIS QUELQUE CHOSE, TOI?

NON, JE NE VOIS RIEN!

des modèles à retenir

1 Grand mystère dans la cuisine

« Écoute, il y a quelqu'un dans la cuisine.
— Je n'entends rien...
— Mais si, moi j'ai entendu quelque chose.
Je vais voir...
— Il y a quelqu'un ?
— Non, il n'y a personne.
— Ah ! Tu vois !
— Il n'y a personne, mais il y a le chat !
— Le chat, le chat, elle a peur du chat !
— Je n'ai pas peur...
Mais il a mangé tout ton gâteau ! »

2 Petit problème dans la chambre

« Tiens, Guy, voilà pour ton dimanche :
un livre, un disque et un journal.
— Oh ! Ton livre n'est pas intéressant.
— Alors, ne le lis pas !
— Et ce disque n'est pas très bon.
— Eh bien, ne l'écoute pas ! Bon, alors, tu ne veux rien ?
— Ah si, je prends le journal. Il y a une B. D. sympa*. »

* Une bande dessinée agréable.

---

mémo

1

Quel	vélo ! beau vélo !	Quelle	moto ! belle moto !	Quels	avions ! beaux avions !	Quelles	autos ! belles autos

2

 Il entend quelque chose.

Il n'entend **rien**.

Il voit quelqu'un.

Il **ne** voit **personne**.

Elle marche.

Elle **ne** marche **plus**.

3

Oh ! un couteau.			Sophie parle.			Voilà deux bons disques.		
	Prends	-**le** !		Écoute	-**la** !		Achète	-**les** !
Ne	**le**	prends	pas !	Ne	**l'**	écoute	pas !	Ne	**les**	achète	pas

Qu'est-ce qui s'est passé?

Les Martiens arrivent.

Ils ont un « rayon terrible ».

Les quatre amis tombent et... dorment.

Dix, douze, quinze Martiens arrivent.

Un Martien prend les lunettes
de Jacques. Il met les lunettes
devant ses yeux et il regarde
les autres Martiens. Il rit...

Ah! Une Martienne...

Elle vient à côté de Chantal.

Elle sort de sa poche un petit
appareil rond comme une montre.

Elle prend la main de Chantal
et elle compte : « Eh-bi, eh-bu,
eh-bou... ». Bzzz, Bzzz...

Une antenne sort du casque
des Martiens. Ils attendent
... et hop! ils partent.

le petit œil

Lundi 24 juillet

Lu dans

Nº 205 – 1,40 F

MYSTÈRE À BERZÈME

Hier dimanche à 21 h 30, quatre
jeunes du petit village de Berzème
ont vu des choses extraordinaires
dans le bois du Plantier.

Un des garçons a
pris une photo. Celle-
ci n'est pas très
bonne mais on voit

L'invitation

des mots pour le dire

Oui

Salut, Paola.
Tu viens avec nous
cet après-midi?
On va au cinéma.

Ah! chic!
D'accord, j'accepte.
A quelle heure?
Où?
Quel film?

C'est promis?

Après, on écoutera des disques?

C'est promis.

Oui, j'apporterai tous mes disques.

Peut-être

Allô, Paola?
C'est Simon.
Tu es libre ce soir?

Bonsoir.
C'est gentil de m'appeler...
Je ne sais pas.

Et demain?

Et l'autre dimanche?

Alors quand?

Ne dis pas non!

Je te donnerai une réponse.

Je dois faire.........

Je sors avec.........

Si je peux, j'arriverai à deux heures.

Non

Chère Paola
C'est mon anniversaire
le 20 avril.
Tous les copains sont invités.
Je t'attends. On dansera.
Apporte ta guitare.
Guy Loriot

Paola Rossi

Merci de ton invitation.
Je regrette beaucoup, mais
dimanche, je dois aller
à Tours. C'est dommage!
Bon anniversaire!

des modèles à retenir

1 Il faut un quatrième au tennis

Françoise : Dis, Robert, j'invite Simon?
Diane : Mais non, Françoise : Simon joue trop bien.
Françoise : Étienne, alors?
Robert : Ah! oui, lui, invite-le!
Diane : Je le connais, il joue très mal.
Robert : Je sais,
mais Étienne vient toujours avec sa sœur.
Françoise : Ah! Je comprends.

2 Les cadeaux de Bruno

Lise : Paul, je vais inviter Bruno.
Paul : Oh non, ne l'invite pas, il n'est pas drôle!
Lise : Oui, mais il est tout seul.
Alberte : Et s'il vient, il apportera des disques
et des gâteaux.

mémo

1

Tu	le	connais? Alors, invite-	le
	la	connais?	la
	les	connais?	les

Bon, je	l'	appelle.
	l'	
	les	

Allô, je	t'	invite.
	t'	
	vous	

TU M'INVITES?
TU NOUS INVITES?
MERCI!

2

je vous		re	rai rez		je mangerai vous mangerez
tu il / elle	mange	ra	ras ra	Demain,	tu mangeras il mangera
nous ils / elles		rɔ̃	rons ront		nous mangerons ils mangeront

3

Si	je peux,	j'arriverai à deux heures.
	Bruno vient,	il apportera des disques.
S'	il vient,	

● *répondre à une invitation*

Dominique Féron

*reçoit ses amis
le 17 janvier à 18h.*

3 rue Jean Calvin
PARIS Vᵉ

*14 janvier
Chère Dominique,
J'accepte ton invitation
avec plaisir, mais j'arriverai
après 8 heures.
A dimanche.
Je t'embrasse.
Jacques*

*16 janvier
Excuse-moi, ma chère Domi,
mais je ne peux pas venir
chez toi demain. J'ai reçu
un télégramme ce matin:
mes parents arrivent demain
soir. Quel dommage!
Bonne soirée, sans moi.
Claude*

*Merci encore, Domi,
Hier, on a passé une
soirée extraordinaire
chez toi
Amitiés
Jim
18 janvier*

recevoir des amis

Allô ! Allô !

des mots pour le dire  dix-neuvième leçon

Pour commencer

Allô ! C'est toi, Éric ?
Ici, c'est Françoise.

Ah ! Bonjour, Françoise !
Oui, c'est Éric.
Comment vas-tu ?

Non, c'est le père d'Éric.
Ne quittez pas, j'appelle Éric.

Allô, c'est madame Menier ?
Ici, c'est monsieur Ducros.

Ah ! Bonjour, monsieur Ducros.
Oui, c'est elle-même. Comment allez-vous ?

Non, c'est madame X. Ne...

Allô, c'est monsieur Pommier ?

Oui, c'est lui-même. Bonjour...

Allô, c'est le 325-22-11 ?	Oui, c'est le... Qui voulez-vous ?	Je voudrais parler à...	Ne coupez pas !
	Non, ce n'est pas le...		
Allô, c'est le Service des Renseignements?	Oui, c'est le... A qui voulez-vous parler ?	Passez-moi, s'il vous plaît...	Je vous passe...
	Non, c'est une erreur.		
Allô, c'est l'Ambassade?	Oui, c'est l'... Qui demandez-vous ?	Je voudrais...	Ne quittez pas !
	Non, ce n'est pas le bon numéro.		

Ça ne va pas !

des modèles à retenir

Perrine ne répond plus.

« Allô, le 326-72-92 ? Eurovacances ?
— ... Ce numéro vient de changer.
Il faut appeler le 325-60-60...
— Ah ! Merci beaucoup !
— ... Ce numéro vient de ... »

« Allô, le 325-60-60 ?
— Ah ! non, monsieur, c'est une erreur ;
vous avez fait le 326-60-60.
— Oh ! Pardon, excusez-moi, madame. »

« Allô, le 325-60-60 ?
— Ici, Eurovacances, j'écoute.
— Bonjour, madame, je voudrais parler à Perrine Duverger, s'il vous plaît.
— Je vous passe le poste 12.
— Ah ! Bonjour, Perrine ! Comment vas-tu ? Dis, j'ai une bonne surprise...
— Excusez-moi, monsieur, mais ce n'est pas Perrine à l'appareil. C'est Louise.
Perrine n'est pas là aujourd'hui.
— Ah ! bon... euh... je lui téléphonerai demain...
— Vous avez un message pour elle ?... Tiens, il a raccroché !

mémo

1

Il demande	Perrine
	Luc

Il **la** / **le** demande.

Il téléphone à	Perrine
	Luc

Il **lui** téléphone.

Il passe Pierre à	Perrine
	Luc

Il **lui** passe Pierre.

2

« Demande-**moi** au 12 !	« Téléphone-**moi** demain.	« Passe-**moi** Perrine.
Ne **me** demande pas au 14 !	Ne **me** téléphone pas ce soir !	Ne **me** passe pas Luc !
— Bon, je **te** demande au 12. »	— Bon, je **te** téléphone à 10 h. »	— Bon, je **te** passe Perrine. »

3

10 h.	10 h 05.	10 h 10.	11 h.
Je vais téléphoner.	Je téléphone.	**Je viens de téléphoner.**	J'ai téléphoné.

e sais *téléphoner*

leçon **19**

Vite, c'est urgent !

OBJETS TROUVÉS
531 82 10

POMPIERS
18

RÉPARATIONS
SOS 99 99

RENSEIGNEMENTS
12

S.O.S. MÉDECINS
325 12 10

AIR FRANCE
525 13 15

POLICE
17

A

B

C

D

Comment faire ?

herchez le numéro
ans l'annuaire.

1. Mettez 2 pièces
de 0,20 F.

2. Composez
le numéro
d'appel.

3. Pour parler,
appuyez
sur le bouton.

3 Pour rire

« Allô, le collège Descartes?
– Je vous écoute.
– Je voudrais parler au
directeur, s'il vous plaît.
– Voilà!
– Allô, monsieur le directeur, mon fils Jean-Louis
ne peut pas aller au
collège aujourd'hui.
Il est malade.
– Très bien...
mais qui est
à l'appareil?
– Eh! bien...
c'est mon
père! »

rappels

1

2
Si elle ...
S'il ...
Si on ...

S'il est malade, il reste à la maison.

S'il reste à la maison, il regardera la télévision.

3 La machine à dire non

		ne / n'	pas
1		Regarde	l'avion !
2	Mes amis	sont	arrivés.
3	Elle	a	perdu sa clé.
4	Tu	veux	travailler ?
5	Il	faut	prendre le train.
6	Son amie	le regarde	.
7	Elle	lui parle	.
8	Ce n' ← C'	est	facile.
9	Je n' ← J'	ai	chaud.
10	Pierre	a	de l'argent. → d'argent.
11	Elle	peut	acheter du pain. → de pain.
12	Il entend quelqu'un. → Il n' entend personne.		
13	Elle voit quelque chose. → Elle ne voit rien.		

BIZARRE !

4

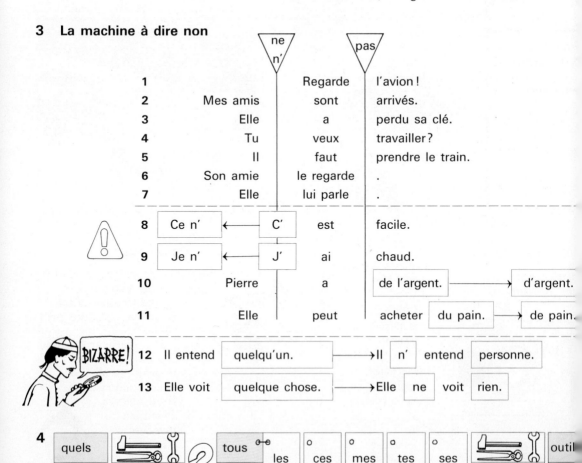

| quels | | tous | | | | | | | outil |
| quelles | | toutes | les | ces | mes | tes | ses | | clés |

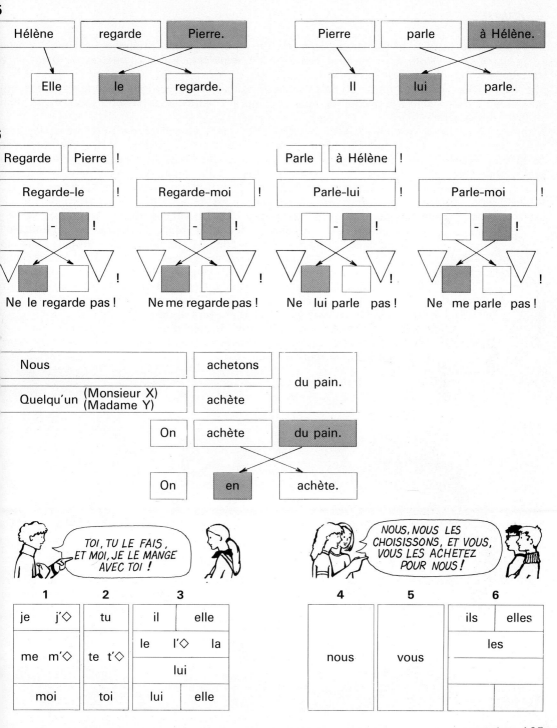

| Hélène | regarde | Pierre. |

| Elle | le | regarde. |

| Pierre | parle | à Hélène. |

| Il | lui | parle. |

| Regarde | Pierre | ! |

| Regarde-le | ! | | Regarde-moi | ! |

| Parle | à Hélène | ! |

| Parle-lui | ! | | Parle-moi | ! |

Ne le regarde pas !   Ne me regarde pas !   Ne lui parle pas !   Ne me parle pas !

| Nous | achetons | du pain. |
| Quelqu'un (Monsieur X) (Madame Y) | achète | |

| On | achète | du pain. |

| On | en | achète. |

TOI, TU LE FAIS, ET MOI, JE LE MANGE AVEC TOI !

NOUS, NOUS LES CHOISISSONS, ET VOUS, VOUS LES ACHETEZ POUR NOUS !

1	2	3	4	5	6

je j'◇	tu	il	elle			ils	elles
me m'◇	te t'◇	le l'◇	la			les
		lui		nous	vous	
moi	toi	lui	elle			

lire en français

L'aven

1 Toute cette histoire a commencé le matin du lundi 24 juillet. Michel a lu dans le journal *Le petit œil* : « Mystère à Berzème ». Berzème est seulement à dix kilomètres de Balazuc (et Balazuc, c'est la ville de Michel).

Michel a parlé à ses deux amis : René et sa sœur Magali. « Ne perdons pas une minute », a dit Magali. « Partons à vélo à Berzème ! Si nous arrivons à 2 heures, nous passerons tout l'après-midi au bois du Plantier. »

L'après-midi, Magali, Michel et René ont laissé les vélos au village de Berzème et les voilà maintenant dans le bois. Il fait très chaud et il y a beaucoup de pierres. Magali marche à côté de Michel ; René est devant, avec son chien César. « C'est drôle, dit Magali, j'entends un petit bruit : clic, clac, clic, clac. — Ce sont les Martiens », dit René. Ils s'arrêtent tous les trois. « On n'entend plus rien », dit Magali. Ils repartent. Clic, clac, clic, clac ! « Les Martiens sont là. » Michel, alors, rit très fort. « Mais non, clic, clac, c'est ça. » Et il sort de sa poche un truc bizarre, rond comme une montre. « Qu'est-ce que c'est ? demande René. A quoi ça sert ?

Comment ça s'appelle ? » demande Magali. « C'est un podomètre » explique Michel. « C'est facile. Tu marches, tu fais un pas, deux pas, cent pas et l'appareil compte tes pas. — Ah ! — Et il compte aussi les kilomètres... » Mais Magali n'écoute pas. « Regardez, droite, ce grand trou », dit-elle. « Les Martiens sont peut-être là. — Alors, partons vite ! — Mais non, entrons ! — On ne peut pas entrer. — Mais si, on peut. »

Et Michel sort une corde de son sac.

Ils parlent encore, puis les trois amis descendent dans le trou.

2 Ce lundi soir, on est triste chez les Chamontin, les parents de Magali et de René. Madame Chamontin a peur : Magali et René ne sont pas rentrés. Pourquoi ? Monsieur Chamontin a téléphoné à tous les amis de Magali et de René. Chez les Doucet aussi, Michel n'est pas rentré. Alors monsieur Chamontin et monsieur Doucet sont allés dans toutes les rues de Balazuc. Personne n'a vu les trois amis. A minuit, rien, toujours rien. On attend...
« J'entends du bruit
à la porte », dit madame
Chamontin. « Mais non »,
dit monsieur Chamontin.
Il va à la porte ;
il l'ouvre : « Ah !
C'est César. »

3 Les trois jeunes sont entrés dans le trou. Michel est le premier. Pour commencer c'est facile, mais très vite, ça change. Il y a de l'eau, il fait froid. Puis on entend un grand bruit : Michel vient de tomber. « Ce n'est rien, dit-il, mais faites attention. Magali, donne-moi la lampe de poche. » Et alors, avec la petite lumière, les trois amis voient une grande salle, belle, extraordinaire. « Un aven ! » disent-ils tous les trois.

... Ils ont oublié les Martiens. Ils ont passé une heure à regarder toute la salle. Un grand bruit : une pierre vient de tomber. Elle ferme la sortie, la seule sortie. Il faut rester dans l'aven et attendre. Ils ont peur maintenant, ils ont froid, il n'y a plus de lumière.

Magali a une idée, une bonne idée. « Si nous ne passons pas, César, lui, passera peut-être... Nous n'avons pas de papier pour écrire. Mais César peut rentrer à la maison avec le podomètre. Les parents vont comprendre. » Et César est passé. Avec César, les Chamontin et les Doucet, les amis et les pompiers sont arrivés devant le trou. On a enlevé la pierre. Magali est sortie la première, les deux autres après.

Et le mercredi,
on a lu dans *Le petit œil* :
« Encore Berzème !
Trois jeunes trouvent
un extraordinaire aven ! »

le petit œil

Encore Berzème !
Trois jeunes trouvent
un extraordinaire aven !

leçon **20** vingt

COMME LES AUTRES...

vingtième (ET DERNIÈRE) leçon

des modèles à retenir

Un mercredi pas comme les autres (suite)

... Une heure après,
les deux élèves retrouvent le professeur...

Pierre :   Mais, monsieur, qu'est-ce qu'il y a dans cette boîte ?
M. Plantin : Ah ! C'est un secret... Il ne faut pas le dire !
Mireille :   C'est d'accord. On ne dit rien à personne.
M. Plantin : Eh bien ! Voilà, c'est un appareil pour parler les langues étrangères.
Pierre :   Formidable ! Comment ça marche ?
M. Plantin : Vous voyez : il faut parler devant le micro ; après, on tourne ce bouton,
                à droite, pour choisir l'autre langue.
Pierre :   Je ne comprends pas.
M. Plantin : Attendez ! Je vais brancher l'appareil.
                Voilà ! Si je dis : « Merci ! »,
                on l'entend en espagnol, en américain.
                en arabe, et en japonais.
Mireille :   Ah ! Je sais, ça s'appelle un automix !
M. Plantin : Vous savez comment ça s'appelle !?
Mireille :   Oui ! Un ami étranger m'a raconté : il a
                vu un appareil comme ça pour apprendre
                le français.
M. Plantin : Ah ! C'est vrai ! Je suis allé à l'étran-
                ger pour le montrer à des élèves...

---

mémo

Pour écrire les dernières lettres de tous les verbes de la langue française ...

SINGULIER		•	PLURIEL		••••
je / j'◇	tu	il / on / elle	nous	vous	ils / elles
regarde	écoutes	parle			
choisis	prends	met / entend	...ons	...ez	...ent

mais ...

ai / peux / veux	peux veux	a va	sommes	êtes dites faites	sont ont font vont

LE RÉCIT DE MIREILLE

ALORS RACONTE ! COMMENT ÇA S'EST PASSÉ ?

EH BIEN ! VOILÀ...
...PIERRE ET MOI, NOUS AVONS SUIVI LA VOITURE NOIRE...ELLE EST ENTRÉE DANS UNE GRANDE MAISON DE CAMPAGNE...NOUS SOMMES REVENUS AVEC LES POLICIERS ET NOUS AVONS TROUVÉ LA BOÎTE...

OUI ! C'EST UN PROFESSEUR DU COLLÈGE ... NON, JE NE SAIS PAS...

L'ARTICLE DE JOURNAL

JEUDI 8

France-matin   1.40 F

LA BOÎTE VOLÉE :
c'est toujours le mystère.

Deux élèves du Collège Pasteur voient des voleurs prendre une boîte... Les hommes partent dans une voiture noire. Ils la suivent. Qui sont les voleurs ? La Police ne veut rien dire...
(Lire l'article page 4)

UN GRAND

LE RAPPORT DE POLICE

PRÉFECTURE DE POLICE
VILLE DE PARIS

Le mercredi 7 juin, à 15 h 30, rue Danton, deux hommes sont arrivés dans une Renault R16 noire...

M. Plantin, professeur de physique au collège Pasteur, a vu deux élèves partir avec les voleurs...

A 16 h 15, le policier Dupont a vu la voiture dans un bois et a arrêté les deux hommes...

LA DÉCLARATION DU VOLEUR

EH BIEN ! VOILÀ... NOUS NE SOMMES PAS DES VOLEURS .NOUS TRAVAILLONS POUR ... DEPUIS SIX MOIS, NOUS SUIVONS LE PROFESSEUR PLANTIN...

LE DIRECTEUR NOUS A DIT : " PRENEZ L'APPAREIL DU PROFESSEUR, JE VEUX SAVOIR À QUOI ÇA SERT ET COMMENT ÇA MARCHE ".

NOUS AVONS BRANCHÉ L'APPAREIL, MAIS VOUS ÊTES ARRIVÉS, ALORS NOUS AVONS EU PEUR...

On prononce des voyelles ◇ et des consonnes ⬚... Mais on ne lit pas toutes les lettres

◇ les voyelles

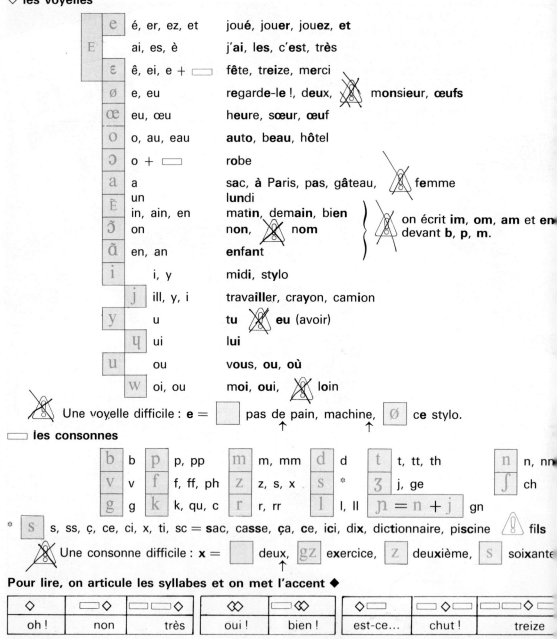

e	é, er, ez, et	joué, jouer, jouez, et
E	ai, es, è	j'ai, les, c'est, très
ε	ê, ei, e + ⬚	fête, treize, merci
ø	e, eu	regarde-le !, deux, ~~monsieur~~, œufs
œ	eu, œu	heure, sœur, œuf
o	o, au, eau	auto, beau, hôtel
ɔ	o + ⬚	robe
a	a	sac, à Paris, pas, gâteau, ~~femme~~
Ẽ	un	lundi
ɔ̃	in, ain, en	matin, demain, bien
	on	non, ~~nom~~
ã	en, an	enfant
i	i, y	midi, stylo
j	ill, y, i	travailler, crayon, camion
y	u	tu ~~eu~~ (avoir)
ɥ	ui	lui
u	ou	vous, ou, où
w	oi, ou	moi, oui, ~~loin~~

on écrit **im, om, am** et **en** devant **b, p, m.**

~~Une voyelle difficile :~~ **e** = ⬚ pas de pain, machine, ø ce stylo.

⬚ les consonnes

b — b	p — p, pp	m — m, mm	d — d	t — t, tt, th			n — n, nn
v — v	f — f, ff, ph	z — z, s, x	s — *	ʒ — j, ge			ʃ — ch
g — g	k — k, qu, c	r — r, rr	l — l, ll	ɲ = n + j — gn			

* s — s, ss, ç, ce, ci, x, ti, sc = **s**ac, ca**ss**e, **ç**a, **c**e, i**c**i, di**x**, di**cti**onnaire, pi**sc**ine ⚠ fil**s**

~~Une consonne difficile :~~ **x** = ⬚ deux, gz exercice, z deuxième, s soixante

Pour lire, on articule les syllabes et on met l'accent ◆

◇	⬚◇	⬚⬚◇	◇◇	⬚◇◇	◇⬚	⬚◇⬚	⬚⬚◇⬚
oh !	non	très	oui !	bien !	est-ce...	chut !	treize

⬚◇   ⬚◇⬚   ◇⬚   ◆   ◇⬚⬚◇   ⬚◇   ⬚◆

C'est   mon   a   m i   il   est   con   ten

1   2   3   4   5   6   7   8

.. et pour écrire

es petits mots devant une voyelle ou un « h »...

. Ils changent

e	→	l'	l'avion.
a	→	l'	l'auto.
e	→	d'	(pas) d'argent.
e	→	j'	J'écoute.
e	→	n'	Je n'écoute pas.
ne	→	m'	Il m'écoute.
e	→	t'	Je t'écoute.
e	→	s'	Ça s'appelle...
e	→	l'	Je l'écoute.
a	→	l'	Je l'entends.
e	→	c'	c'est...

au	→	à l'	à l'hôtel.
du	→	de l'	de l'argent.
ma	→	mon	mon amie.
ta	→	ton	ton écharpe.
sa	→	son	son auto.
ce	→	cet	cet hôtel.
si	→	s'	s'il veut (seulement devant i).

⚠ s' = se *ou* si. Il s'appelle... s'il vient.
l' = le *ou* la. Tu l'entends? Luc ou Anne?

. On entend une consonne !

un‿avion   un ^{n}avion
mon‿ami   mon ^{n}ami
il en‿a   il en ^{n}a

les‿enfants   les ^{z}enfants
ils‿ont...   ils ^{z}ont...
nous‿allons...   nous ^{z}allons...
deux‿heures   deux ^{z}heures

un petit‿enfant   un petit ^{t}enfant
c'est‿à moi   c'est ^{t}à moi

BIZARRE!

Ce film est plus triste.	ply
Ce film est plus intéressant.	plyz
2 + 2 = 4	plys

Il a six pantalons.	si
Il a six anoraks.	siz
Il en a six.	sis

Voilà dix camions.	di
Voilà dix avions.	diz
En voilà dix.	dis

On entend, on écrit...

a	a, à, as, ah!
u	ou, où
sa	sa, ça
sØ	se, ce

la	là, la, l'a, l'as
sɛ	c'est, s'est, sais, sait, ses, ces
sɛt	sept, cet, cette
mɛ	mais, mes, met, mets.

cent treize **113**

attention, les mots changent!...

● **Homme ou femme? Masculin* ou féminin*?**

(* m. et f.
dans le
dictionnaire)

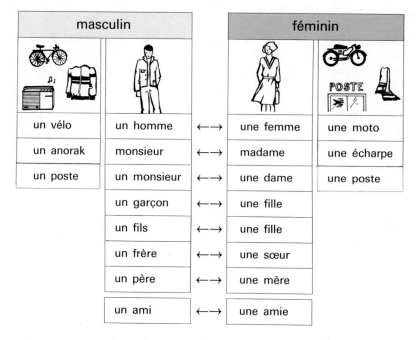

masculin			féminin	
un vélo	un homme	←→	une femme	une moto
un anorak	monsieur	←→	madame	une écharpe
un poste	un monsieur	←→	une dame	une poste
	un garçon	←→	une fille	
	un fils	←→	une fille	
	un frère	←→	une sœur	
	un père	←→	une mère	
	un ami	←→	une amie	

● **Tout seul ou beaucoup? Singulier ou pluriel?**

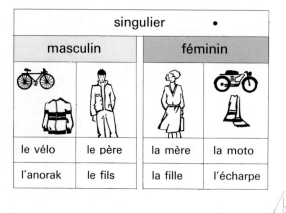

singulier ●				pluriel ⁞		
masculin		féminin		masculin		féminin
le vélo	le père	la mère	la moto	les vélos	les parents	les motos
l'anorak	le fils	la fille	l'écharpe	les anoraks	les enfants	les écharpes
				les ciseaux		les lunettes

  masculin + masculin = masculin pluriel
... s masculin + féminin = masculin pluriel

 ... es féminin + féminin = féminin pluriel

singulier masculin (M)	singulier féminin (F)	pluriel M. F.

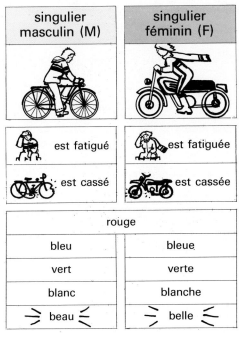
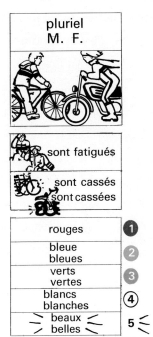

est fatigué	est fatiguée	sont fatigués
est cassé	est cassée	sont cassés / sont cassées

singulier M / F	pluriel M. F.	
rouge	rouges	❶
bleu / bleue	bleue / bleues	❷
vert / verte	verts / vertes	❸
blanc / blanche	blancs / blanches	④
beau / belle	beaux / belles	5

« Rouge, bleu, vert, blanc... C'est beau ! » et au féminin...

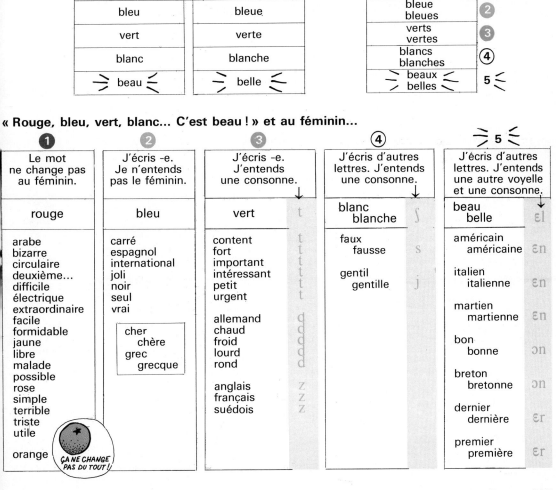

❶ Le mot ne change pas au féminin.	❷ J'écris -e. Je n'entends pas le féminin.	❸ J'écris -e. J'entends une consonne.	④ J'écris d'autres lettres. J'entends une consonne.	5 J'écris d'autres lettres. J'entends une autre voyelle et une consonne.
rouge	bleu	vert $\quad$ t	blanc / blanche $\quad$ ʃ	beau / belle $\quad$ ɛl
arabe	carré	content $\quad$ t	faux / fausse $\quad$ s	américain / américaine $\quad$ ɛ̃n
bizarre	espagnol	fort $\quad$ t		
circulaire	international	important $\quad$ t	gentil / gentille $\quad$ j	italien / italienne $\quad$ ɛ̃n
deuxième...	joli	intéressant $\quad$ t		
difficile	noir	petit $\quad$ t		martien / martienne $\quad$ ɛ̃n
électrique	seul	urgent $\quad$ t		
extraordinaire	vrai			
facile		allemand $\quad$ d		bon / bonne $\quad$ ɔ̃n
formidable	cher / chère	chaud $\quad$ d		
jaune	grec / grecque	froid $\quad$ d		breton / bretonne $\quad$ ɔ̃n
libre		lourd $\quad$ d		
malade		rond $\quad$ d		dernier / dernière $\quad$ ɛr
possible				
rose		anglais $\quad$ z		premier / première $\quad$ ɛr
simple		français $\quad$ z		
terrible		suédois $\quad$ z		
triste				
utile				
orange				

ÇA NE CHANGE PAS DU TOUT !

facile !

Je connais des mots faciles... Ils ne changent pas.

• Pour poser des questions :

Où?	Tu vas *où*? *Où* tu vas? *Où* est-ce que tu vas? *Où* vas-tu?
D'où?	*D'où* viens-tu?
Quand?	*Quand* est-ce que vous dansez? Vous dansez *quand*?
Jusqu'à quand?	Tu restes chez Marc *jusqu'à quand*?
Depuis quand?	*Depuis quand* connaissez-vous Hélène?
Comment?	*Comment* ça va? *Comment* on prononce ce mot?
Pourquoi?	*Pourquoi* apprenez-vous le français?
Combien?	*Combien* ça coûte? Vous avez gagné *combien*?
Qui?	*Qui* a parlé? *Qui* est malade?
À qui?	*À qui* est-ce? *À qui* téléphonez-vous?
Quoi?	Avec *quoi* fait-on les gâteaux?
À quoi?	*À quoi* ça sert?
Qu'est-ce que / qu'	*Qu'est-ce qu'*on fait?... on a fait?... va faire?
Est-ce que / qu'	*Est-ce qu'*on va au cinéma?

• Pour dire combien :

pas du tout	un peu	assez	beaucoup	très	trop
pas du tout d'eau	un peu d'eau	assez d'eau	beaucoup d'eau		trop d'eau
Il ne mange pas du tout	Il mange un peu	Il mange assez	Il mange beaucoup		Il mange trop
Il n'est pas du tout triste	Il est un peu triste	Il est assez triste		Il est très triste	Il est trop triste

facile !

En français, je connais beaucoup de verbes faciles...

0	1	2	3	4	5	6	7
	je j'◇	tu	il elle on	nous	vous	ils elles	être / avoir
...er	...e	...es	...e	...ons	...ez	...ent	...é
e				ɔ̃	e		e

A	regarder	regarde	regardes	regarde	regardons	regardez	regardent	regardé
B	entrer	entre	entres	entre	entrons	entrez	entrent	entré

...e !	...ons !	...ez !
Regarde !	Regardons !	Regardez !
Entre !	Entrons !	Entrez !

⚠ Attention aux verbes comme :

C	acheter	achète	achètes	achète	achetons	achetez	achètent	acheté
D	appeler	appelle	appelles	appelle	appelons	appelez	appellent	appelé
E	répéter	répète	répètes	répète	répétons	répétez	répètent	répété
F	appuyer	appuie	appuies	appuie	appuyons	appuyez	appuient	appuyé

Quand j'écris :

...eter → ...ète,	...ever → ...ève	acheter, lever
...eler → ...elle		appeler
...éter → ...ète		compléter, répéter
...y... → ...i... devant e		appuyer, envoyer
...c... → ...ç... devant o		commencer, remplacer, prononcer
...g... → ...ge... devant o		changer, manger

pas facile !

En français, je connais des verbes un peu difficiles, mais utiles...

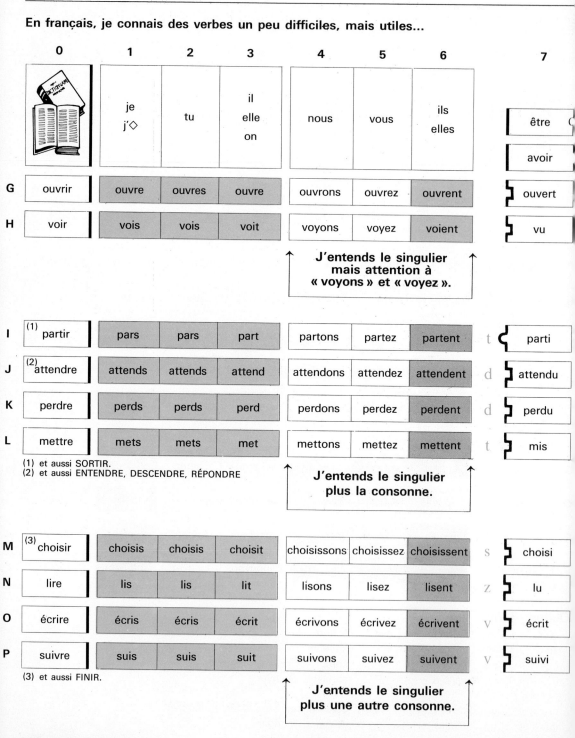

0	1	2	3	4	5	6	7
	je j'◇	tu	il elle on	nous	vous	ils elles	être
							avoir
G ouvrir	ouvre	ouvres	ouvre	ouvrons	ouvrez	ouvrent	ouvert
H voir	vois	vois	voit	voyons	voyez	voient	vu

↑ **J'entends le singulier mais attention à « voyons » et « voyez ».** ↑

I (1) partir	pars	pars	part	partons	partez	partent	t	parti
J (2) attendre	attends	attends	attend	attendons	attendez	attendent	d	attendu
K perdre	perds	perds	perd	perdons	perdez	perdent	d	perdu
L mettre	mets	mets	met	mettons	mettez	mettent	t	mis

(1) et aussi SORTIR.
(2) et aussi ENTENDRE, DESCENDRE, RÉPONDRE

↑ **J'entends le singulier plus la consonne.** ↑

M (3) choisir	choisis	choisis	choisit	choisissons	choisissez	choisissent	s	choisi
N lire	lis	lis	lit	lisons	lisez	lisent	z	lu
O écrire	écris	écris	écrit	écrivons	écrivez	écrivent	v	écrit
P suivre	suis	suis	suit	suivons	suivez	suivent	v	suivi

(3) et aussi FINIR.

↑ **J'entends le singulier plus une autre consonne.** ↑

difficile !

n français, je connais des verbes difficiles, mais très utiles...

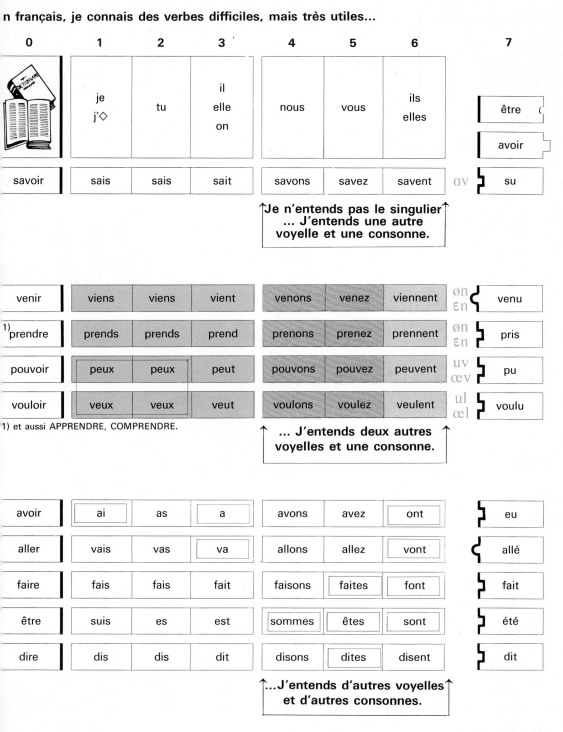

	0	1	2	3	4	5	6	7
		je j'◇	tu	il elle on	nous	vous	ils elles	être avoir
	savoir	sais	sais	sait	savons	savez	savent	av su

Je n'entends pas le singulier
... J'entends une autre
voyelle et une consonne.

	venir	viens	viens	vient	venons	venez	viennent	øn ɛn venu
1)	prendre	prends	prends	prend	prenons	prenez	prennent	øn ɛn pris
	pouvoir	peux	peux	peut	pouvons	pouvez	peuvent	uv œv pu
	vouloir	veux	veux	veut	voulons	voulez	veulent	ul œl voulu

1) et aussi APPRENDRE, COMPRENDRE.

... J'entends deux autres
voyelles et une consonne.

	avoir	ai	as	a	avons	avez	ont	eu
	aller	vais	vas	va	allons	allez	vont	allé
	faire	fais	fais	fait	faisons	faites	font	fait
	être	suis	es	est	sommes	êtes	sont	été
	dire	dis	dis	dit	disons	dites	disent	dit

...J'entends d'autres voyelles
et d'autres consonnes.

le temps et les couleurs

... Le temps passe ... Le temps passe ... Le temps passe ... Le temps  ps pa

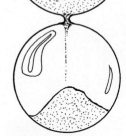

MARS □

▼ 1 Lundi
  2 Mardi
  3 Mercredi
  4 Jeudi
  5 Vendredi
  6 Samedi
  7 Dimanche
  8 Lundi
  9 Mardi
  10 Mercredi
  11 Jeudi
  12 Vendredi
  13 Samedi
  14 Dimanche
  15 Lundi
  16 Mardi
  17 Mercredi
  18 Jeudi

• Le printemps com-
  mence le 21 mars.

▼ Il y a sept jours dans une semaine :
  lundi, mardi, mercredi, jeudi,
  vendredi, samedi, dimanche.

□ Il y a douze mois dans l'année :
  janvier, février, mars, avril,
  mai, juin, juillet, août,
  septembre, octobre, novembre, décembre.

• L'été commence le 21 juin.
  L'automne commence le 23 septembre
  et l'hiver le 22 décembre.

19..

En quelle année?
En mille neuf cent

Marianne tricote

Elle fait une écharpe pour Frédéric, son ami.
Elle a commencé par du marron.
Puis elle a mis du rouge, du rose, de l'orange,
du jaune, du vert, du bleu,
du blanc et du noir. Quelle belle écharpe !

On recherche Léon...

Il a
la tête : ronde
les cheveux : noirs
les yeux : bleus
le nez : petit
la bouche : ouverte
les dents : blanches
les oreilles : grandes

Raoul, Rose, Luc et Suzy.

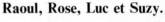

les pieds   les jambes   les bras   les main
de Raoul   de Rose   de Luc   de Suzy

sports et vacances

Choisis, tu peux ...

aller à la fête

jouer au tennis

regarder un film

faire du vélo

jouer de la guitare

faire du judo

chanter une chanson

descendre à ski

lire un livre

aller à moto

danser chez des amis

nager à la piscine

rire au théâtre

faire un voyage en voiture

écouter un disque

les voyages

Comment ?

en auto ou en voiture
en autobus
en camion peut-être !
en bateau

en avion
en train
à vélomoteur
à moto

Mais à vélo
ou à pied... c'est moins cher

Pour aller où ? De Plounérin...
un petit village
Comment faire ? Il faut...

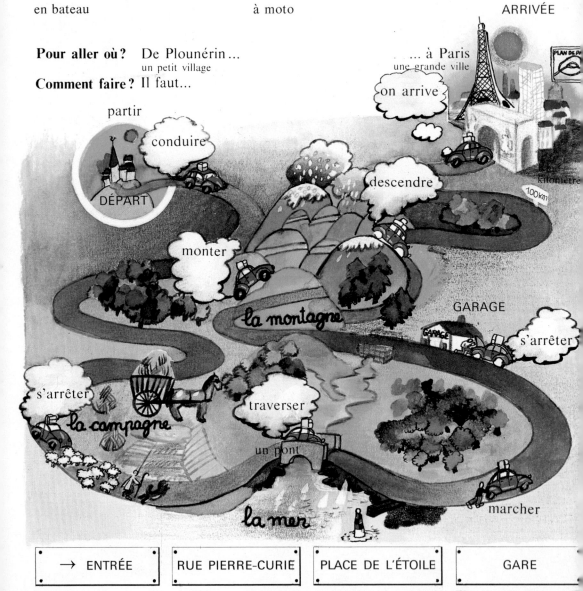

partir
conduire
DÉPART
monter
la montagne
descendre
on arrive
ARRIVÉE
une grande ville
... à Paris
GARAGE
s'arrêter
s'arrêter
la campagne
traverser
un pont
la mer
marcher

→ ENTRÉE	RUE PIERRE-CURIE	PLACE DE L'ÉTOILE	GARE
SORTIE →	AVENUE FOCH	BOULEVARD NEY	POSTE

en rose ou en noir?

Un ami t'invite à venir chez lui dimanche. Tu lui dis :				
J'accepte.	☒	Non, je regrette.	☒
C'est promis.	☒	C'est dommage, mais...	☐
Oui, je suis très content.	☐	Je ne peux pas, je dois...	☒
Chic ! Je peux.	☐		

Ton copain part pour un mois. Qu'est-ce que tu lui dis?				
Bon voyage !	☒	*Je ne dis rien.*	☒
Je t'embrasse.	☒		

On te dit :
« La vie est belle. »
Tu réponds :

Oh ! oui, c'est vrai.	☒	C'est faux.	☒
(Je suis) d'accord.	☐	(Je ne suis) pas d'accord.	☒
		Je ne sais pas.	☐
		C'est une erreur.	☐

Ta sœur a acheté un tableau.

Elle te demande :
« Est-ce que tu l'aimes ? »
Tu lui réponds :

Je l'aime beaucoup.	☐	Je ne l'aime pas du tout.	☒
Je l'aime assez.	☒		
C'est beau.	☐	Ce n'est pas beau.	☐
C'est une bonne idée.	☒	Quelle idée bizarre !	☒
Bravo !	☐	Je ne comprends pas ce tableau.	☐

JE SUIS TOUJOURS CONTENT. J'AI DES AMIS. JE VOIS LA VIE EN ROSE.

JE SUIS TOUJOURS SEUL ET TOUJOURS TRISTE. JE VOIS LA VIE EN NOIR.

Voilà les réponses de Jean ☒ et de Jacques ☒

Et toi, qu'est-ce que tu réponds?

poèmes

Un Esquimau sur un Éléphant
C'est original et c'est amusant
Car l'un vient du froid et l'autre du chaud
Mais un Éléphant sur un Esquimau
C'est dangereux car ça pèse trop
Même si ce n'est qu'un éléphanteau.

Pierre Gamarra. *Abécédaire.*
(Éd. La Farandole)

Il pleut
On dirait bien
Qu'il pleut.

Mais le temps de le dire
Le temps de me le dire
Et de savoir comment
Je vais le dire
La dernière
Goutte
Tombe.

Et tout
Comme toujours
Est à recommencer.

Gilbert Triollet. *Fabliaux.*
(Ed. Henry Fagne)

Alouette
Alouette, gentille alouette
Alouette, je te plumerai.
        1
Je te plumerai le bec,
Je te plumerai le bec.
Et le bec, et le bec !
Alouette, Alouette,
Ah !
        2
    les yeux
        3
    la tête
        4
    le cou
        5
    les ailes
        6
    les pattes

n ouvrier dans une usine
'est utile et c'est important
 Uzès ou bien à Ugine,
our faire marcher les machines
n ouvrier dans une usine
'est important.

ierre Gamarra. *Abécédaire.*
Ĕd. La Farandole)

Rire
Je ris
Je ris
Tu ris
Nous rions
Plus rien ne compte
Sauf ce rire que nous aimons
Il faut savoir être bête et content.

Blaise Cendrars. *Œuvres complètes.*
T. I. (Denoël)

e milliardaire
ohn apportait un plateau
ır lequel était un bateau.

Ionsieur assis sur son lit
assa son habit et dit :
Posez ça là quelque part
: termine mon cigare. »

ne heure après John revint :
a fenêtre était ouverte
ans le lit il n'y avait rien
ien non plus sous la plante verte
t rien du tout sur le plateau.

Ionsieur est parti en bateau.

ean Tardieu. *Le Fleuve caché.*
Gallimard)

dessins de

Didier Convard (avec la collaboration de Patrick Moerell).
Leçons 1 à 7 / André Depresles. 59^1 - 69^1 - 76 - 77 - 85^1 - 97 - 106 - 107 /
Patrice Douenat. 62 - 63 - 65 / Gigi. 108 - 109 - 111 / Maurice Grimaud.
52 - 53 - 55 - 59^2 (d'après Claude Serre) - 85^2 / Claude Lacroix.
92 - 93 - 95 / William Marshall. 66 - 67 / Jacques Mignon. 82 - 83 /
Brigitte Monzein. *Mémos - Rappels - Des modèles à retenir* - 112 à 125 /
Georges Pichard. 78 - 79 - 81 / Pierre Poulain. 56 - 57 - 70 - 71 /
Michel Prestat. 99 / Fernando Puig-Rosado. 73 / Joan Schatzberg.
69^2 - 101^2 - 103 / Jean Sidobre. 86 - 87 - 89 /
Volker Theinhardt. 51 / Emmanuel Wolfstirn. 100 - 101^1.

photographies de

Jacques Boulas. 31 / Daniel Cadier. 48 - 49 - 51 - 77 - 96 /
Charliat-Rapho. 102 / Dejardin-Rapho. 37 / Hachette. 11 /
Roger-Viollet. 52^2 - 52^2 / San-Viollet. 52^1.

Imprimé en France par BRODARD GRAPHIQUE — Coulommiers-Paris HA/6314/2
Dépôt légal n° 7509-10-1983 — Collection n° 10 — Édition n° 13.

15/4620/9